Rüdiger Barth und Bernd Volland

BALLACK

Fotos von Bert Heinzlmeier
und Matthias Ziegler

SEIN WEG

Training des FC Bayern im Sandsturm von Dubai, Januar 2006. Ganz vorne: Werbeplakat am Radisson SAS-Hotel, Hamburg

INHALT

1   **CHEMNITZ – DER JUNGE**   20

2   **CHEMNITZ – DER PROFI**   50
Interview: Rico Steinmann, Ballacks Idol   64

3   **KAISERSLAUTERN**   68
Der Schattenmann: Berater Michael Becker   86

4   **LEVERKUSEN**   90
Interview: Ballacks Eltern   115

5   **MÜNCHEN**   120

6   **WM 2006**   154

Bildnachweis / Impressum   166 / 168

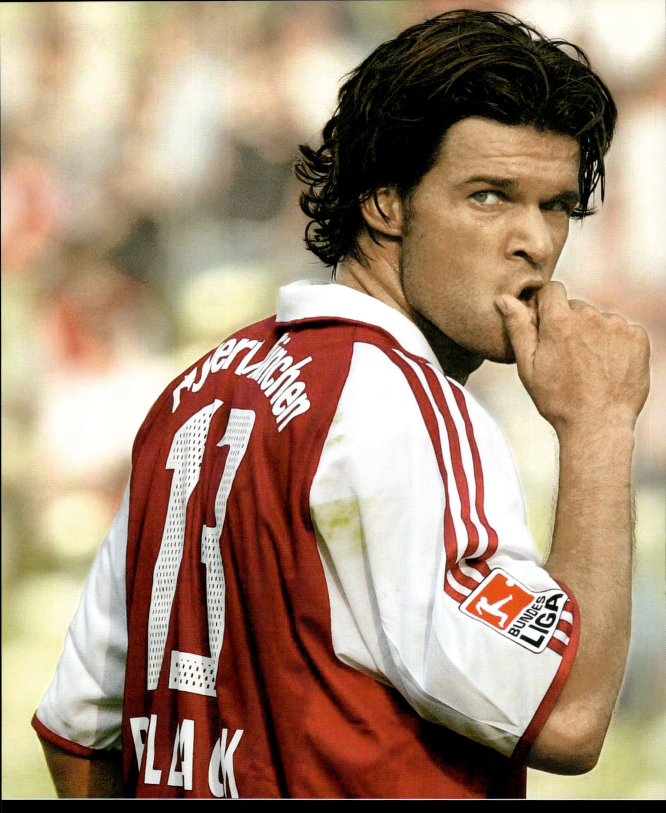

Michael Ballack, FC Bayern München. September 2004

VORWORT

IMMER WIEDER TRAFEN WIR MICHAEL BALLACK in den vergangenen Monaten zu langen Gesprächen und Fototerminen: am Starnberger See, in München, Dubai, Düsseldorf, Essen und Stuttgart. Es ist das erste Mal, dass er sich an einem Buchprojekt beteiligte. Es entstand keine Autobiografie, sondern ein *stern*-Porträt. So offen wie nie sprach Ballack über seine Jugend in Chemnitz, seine Anfänge als Profi, seine Rolle beim FC Bayern und natürlich auch die WM 2006. Unsere Fotografen Bert Heinzlmeier und Matthias Ziegler durften ihn nach öffentlichen Auftritten hinter die Kulissen begleiten, er ließ eine Nähe zu, die er bislang niemals zugelassen hatte. Eine Grenze aber zog er: Sein heutiges Privatleben bleibt tabu. Wir möchten uns bei Michael Ballack bedanken – für die Zeit, die er sich nahm, und für das ungewöhnliche Vertrauen, das er dem *stern*-Team entgegenbrachte –, ebenso bei seiner Lebensgefährtin Simone Lambe. Dieses Buch wurde Mitte März fertig gestellt, noch bevor klar war, ob Ballack nach der Weltmeisterschaft den Verein wechseln würde. Viel sprach in diesen Tagen dafür, dass er zum FC Chelsea nach London geht, womöglich hat er bereits seinen Entschluss verkündet, wenn Sie diese Seiten lesen. Aber das Buch soll ohnehin mehr als eine Momentaufnahme sein.

Drei Monate lang folgten wir intensiv Ballacks Spuren, im Osten und Westen und Süden Deutschlands. Herzlichen Dank sagen wir allen Gesprächspartnern, die einverstanden waren, über Ballack zu reden. Für manche war es ein Stöbern in fernen Erinnerungen, für andere ein Nachdenken über das Heute. Nicht jeder, den wir kontaktierten, wollte mit uns sprechen, nicht jeden, der mit uns sprach, konnten wir in dieses Buch aufnehmen. Wir haben uns entschlossen, Michael Ballack in langen Passagen selbst zu Wort kommen zu lassen, diese Zeilen sind kursiv gesetzt und in diesem Buch die einzigen von ihm autorisierten.

Wir danken Bert Heinzlmeier und Matthias Ziegler für ihren Einsatz und ihre Ideen. Nicole Prinschinna für ihr wundervolles Layout, Giuseppe Di Grazia, ohne den dieses Buch nicht möglich gewesen wäre, sowie Thomas Schumann, Cornelia Bartsch und den anderen Kollegen des *stern*, die oft ihre Freizeit opferten, um es zum Gelingen zu bringen. Dazu den Verantwortlichen des Südwest-Verlags für ihre Begeisterungsfähigkeit. Und wir danken Michael Becker, der alle Termine mit Ballack koordinierte.

Es war eine spannende Suche, die Suche nach Ballacks Weg. Er hat Talent, Kraft und Willen, dies sind seine Gaben, und er hat das Glück der rechten Momente. Die deutsche Nationalelf, deren Kapitän Michael Ballack ist, könnte es bei der kommenden Weltmeisterschaft gut gebrauchen.

Hamburg, im März 2006   *Rüdiger Barth und Bernd Volland*

PROLOG

25. JUNI 2002

„MAN MUSS SICH NUR IMMER WIEDER DIESES EINE TOR ANSCHAUEN, dieses eine Tor gegen Südkorea im Halbfinale der WM 2002, dann begreift man das Spiel von Michael Ballack sofort. Fünfzehn Minuten vor Schluss, ein total offenes Match, wir stehen ganz gut, und plötzlich sind wir am Ball. Ein Konter. Schneider steil auf Neuville, schönes Pässchen. Rechts rennt der Olli Richtung Außenlinie, wird von drei Koreanern umzingelt, die ihn gleich abgrätschen. Also überhaupt nicht torgefährlich die Geschichte.

Neuville kann höchstens einen Eckball rausholen. In der Mitte ist nur noch Bierhoff – und zwei, drei Südkoreaner. Und jetzt kommt's. Das kann man am besten sehen in der Kameraeinstellung von der Grundlinie. Alle anderen von uns sind hinten, und auch der Michael bleibt erst mal an der Mittellinie. Dann passiert was, das werde ich nie vergessen. Der Micha hätte denken müssen, der Ball ist gleich weg. Dass er trotzdem auf einmal Richtung Strafraum stürmt, das ist unerklärlich. Die Chance war zehn zu neunzig, dass da noch was Vernünftiges passiert. Trotzdem sagt er sich: Ich renn da jetzt hin. Der Olli schießt den Ball einfach in die Mitte, Gott sei Dank geht Bierhoff nicht hin, und dann ist der Michael auf einmal da. Und schießt, der Torwart hält und fällt nach hinten. Das ist auch typisch Ballack, dass er nachgeht wie ein Stürmer, der zögert keinen Moment, der rennt weiter, und dann kommt der Ball wieder, mit links, zack, Tor.

Und das alles, obwohl er vier Minuten vorher die gelbe Karte bekommen hat, also gesperrt war fürs Endspiel. Er hätte fertig sein müssen mit der Welt. Dann spurtest du nicht über den halben Platz, in so einer Situation. Du stehst da doch neben dir. Und auch das mit der gelben Karte war typisch. Das ist für mich das, was es heißt, sich für eine Mannschaft zu opfern. Das sieht auch der liebe Gott da oben. Das ist zwar im ersten Moment unwahrscheinlich bitter, aber du wirst dafür eines Tages belohnt. Das habe ich ihm nach dem Spiel gesagt, in der Kabine. Er war fix und fertig. Da gab es auch ein paar Tränen, ist ja klar. Du wirst belohnt werden, habe ich gesagt. Aber das nutzt nicht viel, in dem Moment. Du bist dann nur fertig mit den Nerven.

In den Tagen danach saß er oft abends noch bei uns Trainern, bei einem Glas Rotwein, wir haben über das Finale gesprochen, wie wir die Brasilianer knacken wollten. Der Micha war plötzlich einer von uns. Gegen Brasilien haben wir dann ein tolles Spiel gemacht. Bis heute aber bin ich das Gefühl nicht los, wir hätten noch eine Stunde spielen können, wir hätten kein Tor erzielt. Es hat uns der Torschütze gefehlt.

Ich weiß von vielen anderen Nationaltrainern: Die haben alle Angst vor Michael Ballack. Er hat einfach die Gabe, dir wehzutun."

Rudi Völler

Rudi Völler, 46, war von 2000 bis 2004 Teamchef der deutschen Nationalmannschaft

Fotos auf den folgenden Seiten: WM-Halbfinale 2002, gelbe Karte, Torjubel nach Siegtreffer (S. 10 und 11). Ballack im Foyer des Emirates Towers Hotel, Dubai, Januar 2006 (S. 13). Freude pur nach einem Treffer gegen Leverkusen, 2003. Entspannung in der Hängematte, Dubai (S. 14 und 15). Freizeit am Meer, Dubai. Autogramme nach einem Spiel, Dezember 2005 (S. 16 und 17). Mußestunde im Hotel, Dubai (S.18)

Chemnitz, Fritz-Heckert-Siedlung: In diesem Wohnblock, ganz links, 8. Stock, wuchs Michael Ballack auf

CHEMNITZ

HEIMAT

Eine Wiese, ein paar
Stangen, was willst du mehr?

*In der Heckert-Siedlung,
wo Ballack aufwuchs,*

gibt es noch Tore –
aber sehr wenig Kinder

23

Der Bayernprofi zieht mit links ab. Dass er mit beiden Füßen präzise schießen kann, zeichnete ihn schon als Kind aus

EIN JUNGE AUS CHEMNITZ

DIE HERBSTSONNE SCHEINT, UND WOMÖGLICH KÖNNTE SIE NOCH ein bisschen wärmen, wenn sich ihr nicht diese Ungetüme in den Weg stellen würden. Man sieht sie schon von weitem, sie durchschneiden den Horizont, eine scharfe Kante im Himmel, wie mit dem Lineal gezogen: die Fritz-Heckert-Siedlung, Chemnitz. Jetzt, im Oktober, ist der Wind schon kühl, ein Vorbote des Winters. Deutschland wartet auf die Weltmeisterschaft. Im nächsten Jahr soll Ballack die Nationalelf zum Titel führen.

Steffen Hänisch schlendert über die Wiese zwischen den Wohnblöcken, hinter ihm ein paar Wäschestangen, an einer hängen Leintücher, die anderen stehen wie eine Einladung da, ein Traum, wenn man ein Junge ist, ein paar Kumpels, einen Ball dazu, was willst du mehr? Hänisch blickt über die leere Fläche. „Damals war hier immer ordentlich was los", sagt er. Hänisch, 48, ist kein Romantiker, auch keiner, der behauptet, dass zu DDR-Zeiten alles besser war, damals, als er noch die Nachwuchsabteilung der „Betriebssportgemeinschaft Motor Fritz Heckert" leitete. Obwohl man das von manchen Dingen an diesem Ort vielleicht sagen kann, dem Ort, an dem die Geschichte des Fußballspielers Michael Ballack begann.

Im Frühjahr 1977 zog seine Familie aus Görlitz hierher. Sechs Monate war Michael alt, geboren am 26. September 1976, das einzige Kind. Stephan Ballack, 23 Jahre, hatte nach seinem Bauingenieursstudium in Dresden eine Stelle bei Wismut bekommen, dem Betrieb für Bergbau und Uranabbau, ein Staat im Staate, von den Sowjets dirigiert. Karin, die Mutter, arbeitete bald bei WTB, dem Großhändler für „Waren des täglichen Bedarfs", in der Marktforschung. Und auf Michael warteten eigenes Kinderzimmer und Krippenplatz, der Wismut sei Dank.

Steffen Hänisch, 48, betreute Ballack bei der BSG Motor Fritz Heckert

80 000 Menschen waren im Wohngebiet Fritz Heckert untergebracht, benannt nach einem kommunistischen Arbeiterführer. Versorgungszentren, Kinderhorte, Schulen und Polikliniken: alles zu Fuß erreichbar. Man konnte hier leben und sterben, ohne jemals die Siedlung zu verlassen. Für Kinder sei das nicht der schlechteste Platz gewesen, sagt Michael Ballack heute.

Wir fanden es vollkommen okay in der Siedlung. Es war ganz anders als in den Reihenhausvierteln von heute. Alle meine Kumpels wohnten um die Ecke, und wir

haben uns jeden Tag nach der Schule getroffen und einfach losgebolzt. Sonst sind wir meistens in den Eingängen der Häuser rumgehangen. Bis uns die Leute fortgejagt haben. Wir sind dann in den nächsten Hauseingang, und das Spiel ging von vorne los. Damals gab es ja noch keine Computer. Wenn ich es mir so überlege, sind wir die letzte Generation, die noch ohne PC aufgewachsen ist. Da gab es wirklich nur Fußball. Das, was man heute so schön Straßenfußball nennt, mit allem, was dazu gehört. Auch mit Nachbarn, die uns verscheuchten, weil ihre Wäsche dreckig wurde. Denn wir haben die Wäschestangen als Tore benutzt, ist ja klar. Da geht halt auch mal eine Scheibe drauf, eine habe ich auch auf dem Gewissen. Ich habe geschluckt, bin hingegangen und habe gesagt: Entschuldigung, das war ich. Meine Eltern haben die Scheibe bezahlt. Zum Glück waren sie nicht so streng. Pass das nächste Mal ein bisschen besser auf, hat mein Vater nur gesagt.

Es war eine Welt für sich, die einer aus dem Westen niemals ganz verstehen wird. 300 Plattenbauten, die kleinsten fünf Stockwerke hoch, die höchsten elf, die Luxusvariante mit zwei Aufzügen, für „altersgerechtes Wohnen". Ein aschfarbenes Reich, errichtet aus Zementquadern, aber früher war man stolz, wenn man hier eine der Wohnungen bekam, die groß und günstig waren, 73 Quadratmeter nur 97 Ost-Mark, und mit etwas Glück war sogar ein Balkon ranbetoniert. Die Ballacks wohnten erst im zweiten Stock, dann, Mitte der 80er Jahre, zogen sie ein paar Häuser weiter, in die achte Etage, größer, mit Balkon. Dr. Salvador-Allende-Straße 168. Plattenbau Typ IW 77, elfstöckig. Ihre Siedlung war am Reißbrett ersonnen und 1974 auf einen ehemaligen Schuttberg getürmt worden, über einer Stadt, die nach der Zerstörung im Krieg ein neues Gesicht erhalten hatte. Das frühere Chemnitz, nun der Stolz der sozialistischen Gründerväter: Karl-Marx-Stadt.

Sie waren überschaubar, solche Volksbiotope wie die Heckert-Siedlung im Südwesten der Stadt. Vor allem hatten sie einen Vorteil: Ein Hochbegabter konnte kaum verloren gehen. Steffen Hänisch lächelt. „Michael war das größte Talent, das ich je gesehen habe. Und unserem Sichtungssystem entging keiner." Schulen und Sportvereine waren staatlich vernetzt, und Motor Fritz Heckert war der Klub, zu dem alle pilgerten, die kicken wollten. „Wir mussten nur in den Schulen einen Aushang machen", sagt er. „Ein paar Tage drauf konnten wir uns die Spieler für die neuen Nachwuchsmannschaften aussuchen." Sechs Jahre war Ballack alt, als er 1983 zu ihm kam, Hänisch erinnert sich noch genau, so einen vergisst man nicht.

Der Knirps ging noch nicht mal zur Schule, aber Ballack, sagt Hänisch, war schon ein Phänomen. „Andere mussten jahrelang üben, bis sie den Ball fünfzigmal hochhalten konnten. Dieser Kerl tat es einfach." Bald spielte er eine Altersklasse höher. „Er war seinem Alter gleich drei bis vier Jahre voraus. Und der Micha konnte bereits damals mit beiden Füßen schießen." Schnell war er unter den Kindern seines Blocks eine kleine Berühmtheit. Auch die Mädchen kannten seinen Namen, denn das bekamen auch sie mit, wie aufgeregt selbst zwei, drei Jahre ältere Jungs waren, wenn sie die Treppen hinunterhetzten und riefen: „Wir gehen mit dem Balle bolzen." ‚Balle' – das war sein Künstlername.

Karin und Stephan Ballack lachen, als sie diese Geschichte hören. Michaels Vater hat sein Büro in Rabenstein, seine Firma plant und baut Fabrikhallen, Sporthallen, vor allem Privathäuser. In den Regalen des Konferenzraumes liegen Fliesenkataloge und Immobilienratgeber. Seit 1990 ist Ballack als Entwickler von Bauprojekten selbstständig. Früher hatte er abends oft am Fenster gelehnt und dem Sohnemann, fünf Jahre alt, zugesehen, der im Hof verbissen versuchte, seinen Rekord im Ballhochhalten zu verbessern.

Die Wochenenden verbrachte die Familie in ihrer Datsche in Lichtenstein, ein paar Kilometer außerhalb von Chemnitz, zu Füßen des Pfaffenbergs. Während Karin den Garten zurechtzupfte, den der Junior zuvor mit dem Ball bearbeitet hatte, bis die Nachbarn schimpften, begleitete ihn Stephan zu den Spielen. „Und heute erzählen die alle lachend, wie schön das war, als noch der Micha da war und es in unserer Hecke immer so gekracht hat", sagt Karin Ballack. Sie ist eine zurückhaltende Frau, aber mütterlicher Stolz lässt sich schwer verbergen.

Ballacks Vater ist einen Kopf kleiner als Michael, und man kann nicht behaupten, dass sie sich schrecklich ähnlich sähen. Aber im Gespräch merkt man, wie nahe sie sich sind, sie haben dieselbe Ironie, ihre Mimik gleicht sich, und beider Augen beginnen zu schimmern, wenn man auf die entscheidenden Momente in Michaels Karriere zu sprechen kommt. Die Heckert-Siedlung sei eine gute Schule gewesen. Eine Charakterschule.

Juwel: Als er zehn Jahre alt war, hatte sich Ballacks Talent in Karl-Marx-Stadt bereits rumgesprochen

„Solange ein bisschen Licht war, rollte da unten der Ball. Am Anfang haben die Großen unseren Micha immer ins Tor gestellt, und er kam heulend hoch: Die haben mich schon wieder abgeschossen", erzählt Stephan Ballack. „Ich kann es nicht mehr hören, hab ich irgendwann gesagt, geh wieder runter und wehre dich, so gut du kannst. Zwei, drei Jahre später haben bei uns die Älteren an der Tür geklingelt: ‚Der Micha hat getreten!'"

Er macht eine kleine Pause, es ist keine Kunstpause. Er ist ein angenehmer Gesprächspartner. Er überlegt nur, ob er es erzählen soll. Michael Ballack und das Kämpfen. Es ist das große Thema. Vielleicht lässt sich mit ein paar Erinnerungen vieles erklären, was Ballack noch heute von manchen vorgeworfen wird. Seine Kritiker halten ihn für einen ewigen Sonnenschein, einen Aufsteiger ohne Kanten, einen vom Schicksal Begünstigten, bei dem doch alles so kommen musste, wie es kam, ohne dass er jemals hätte schuften müssen.

CHEMNITZ

1. Das Baby Michael: Sechs Monate nach seiner Geburt zogen die Eltern von Görlitz nach Karl-Marx-Stadt
2. Michael (l.) und ein Freund im Tierpark
3. Der Fünfjährige mit seinem Teddy
In diesem Alter begann die Fußballlaufbahn
4. Das Jugendteam des FCK: mit Ballack (2. v. r.), Frank Bauer (r.) und Kevin Meinel (u. r.)
5. Die Kindermannschaft von Motor Fritz Heckert mit Trainer Hänisch und Ballack (stehend, Mitte)
6. Schon früh schaffte es der Junge in die Zeitung
7. Ballack, 13, als Schüler der 7. Klasse der KJS Karl-Marx-Stadt

Aufgefallen

Michael Ballack wird vom stellvertretenden DFV-Generalsekretär Klaus Petersdorf gleich doppelt geehrt: Als „bester Spieler" und für die Silbermedaille bei der Hallen-Meisterschaft. Sicher nicht die letzte Ehrung für den kleinen Karl-Marx-Städter!

Ballacks Eltern Karin und Stephan wohnen noch immer in einer kleinen Gemeinde nahe Chemnitz

CHEMNITZ

„Er ist weit im Innern doch ein wenig anders, als er öffentlich zeigen will", sagt Stephan Ballack. „Da ist ein weicher, verletzlicher Kern. Den behält er aber für sich. Ich erzähle mal diese Geschichte vom Schwimmenlernen. Er war fünf oder sechs, noch in der Vorschule, und wir fragten einen Schwimmlehrer, ob er es ihm beibringen würde. Am Abend hat der gesagt: Ich hatte es noch nie so schwer wie mit eurem Jungen. Der hat den Rettungsstock nicht losgelassen. Er hat einfach nicht losgelassen." Ballack lächelt. „Aber als er dann losgelassen hat, ist er geschwommen wie noch was. Da ist was in ihm drin, das er erst überwinden muss. Wo man ihn bekrabbeln muss, wo er dann aber kommt. So ist unser Micha, und so war er auch schon als kleiner Junge."

Hänisch, der frühere Kindertrainer, spaziert geduldig durch die Anlage, eine Mappe mit alten Zeitungsartikeln unter dem Arm, als wäre er irgendein Bibliothekar, der Material zu einer Chronik beitragen muss. Er erzählt vorsichtig, „dass man sehr behutsam sein musste mit einem solchen Talent". Hänisch spricht leise „vom schönen Gefühl, auch ein bisschen zur Entwicklung des Jungen beigetragen zu haben". Man erlebt das häufig hier; zwar hat sein alter Klub, der Chemnitzer FC, Ballack vor ein paar Monaten zum Ehrenmitglied ernannt, aber nur wenige Menschen in der Stadt brüsten sich mit seinem Namen. Womöglich hat die Zurückhaltung damit zu tun, dass es wenige Orte gibt, die hier ferner sind als Ballacks Haus am Starnberger See oder die Umkleidekabine der Allianz Arena. Oder es liegt daran, dass manchem Chemnitzer einer, der für Lufthansa, McDonald's und Sony wirbt, suspekt ist, in einer seltsamen Mischung aus Missgunst und Ehrfurcht.

An den Klingelschildern der Heckert-Siedlung sind nicht mehr viele Namen zu finden. Leerstand ist ein neues Wort, es kam nach der Wende. Hier bedeutete es in der schlimmsten Zeit: bis zu 40 Prozent. In der Gaststätte „Zum Braumeister" funkelt eine Discokugel zwischen ausgestopfter Eule und Hirschgeweih. Es ist der schönste Platz der Siedlung. Natürlich auch, weil es die einzige Kneipe weit und breit ist. Hänisch nippt an einem Cappuccino, 1,30 Euro, viel Sahne. Er schlägt sein Notizbuch auf, das in einem alten olivgrünen Umschlag steckt. Ein kleines Stückchen Sportgeschichte.

„Hier", sagt Hänisch, „in Crimmitschau, 28:0, zwölfmal Ballack." Er blättert: Saison 85/86, 57 Ballack-Tore. In sein Buch trug er Noten ein, die er den Spielern gab, von eins bis zehn. Hänisch schlägt eine andere Seite auf. Burgstädt, 28:0, zehn Tore Ballack, Note acht. Keine Höchstnote? „Man musste ihm noch Steigerungsmöglichkeiten lassen. Er war manchmal ein wenig launisch, schien keine rechte Lust zu haben. Es lief ja auch alles von selbst." Er nahm Michael immer wieder zur Seite: „Micha, auf dich kommt es an. Du musst das Spiel bestimmen, 50 Prozent reichen nicht." Wieder das Thema: Trau dich. Die Trainer trichterten es ihm ein, von klein auf.

Der Junge war nie einer, der im Vordergrund stehen wollte, nie Kapitän, aber auch keiner, der die Schwächeren niedermachte, er wollte spielen, siegen, am besten

30

gegen die Angeber vom FC Karl-Marx-Stadt. Wie einmal, als es um die Kreismeisterschaft ging. Die FCK-Stars konnten es kaum fassen, als sie gegen die Heckert-Jungs verloren hatten.

Hänisch erzählt es wie eine schöne Geschichte, die man mal erlebt hat. Vier Jahre spielte er in der DDR-Oberliga, ehe er Trainer wurde. Heute arbeitet er für eine Versicherungsagentur, wie viele Funktionäre, die auf ruhmreichen Posten die Helden der sozialistischen Republik formten. Nach der Wende wurden sie gefeuert.

Ich habe gehört, dass die Heckert-Siedlung teilweise abgerissen wird, auch die Häuser, in denen ich aufgewachsen bin. So wohl ich mich da als Kind gefühlt habe, wenn ich heute drüber nachdenke: Richtig schön ist es ja nicht, Block steht an Block. Meine Eltern und ich sind auch schnell weggezogen, 1992, nach Wittgensdorf. Viele Familien in der Siedlung schauten sich damals nach etwas anderem um. Für die Erwachsenen war es schon sehr anonym. Es war ja nicht so, dass dort zu DDR-Zeiten jeder jeden kannte und im Sommer in den Höfen immer gemeinsam gegrillt wurde. Und viele Möglichkeiten zum Ausgehen gab es für Erwachsene auch nicht. Einmal im Monat auf den Südring vielleicht, gegenüber von unserem Haus, zum Tanztee. Als Chemnitzer fühle ich mich übrigens immer noch irgendwie, das merkt man, wenn ich „wir" sage oder „bei uns", obwohl ich schon eine Weile weg bin und sich auch viel verändert hat. Aber das ist der Lauf der Zeit.

Immerhin, den Fußballplatz gibt es noch, unten an der Straße Usti nad Labem. Nur die BSG Motor Fritz Heckert nicht mehr. Das Maschinenbaukombinat hatte den Verein finanziert, 1989 arbeiteten dort 4300 Leute, nach der Wende wurde es verkauft und wieder verkauft, heute, in der GmbH, sind es noch 200. Die Sportanlage betreibt längst ein anderer Klub. Zu Ballacks Zeiten wussten die Trainer, dass ihnen ihre besten Talente nicht lange erhalten bleiben würden, so ging der Plan. Und Pläne hatte man zu erfüllen in dieser Republik. Der Sport war in Bezirken organisiert, und jeder der 15 Bezirke hatte seinen Spitzenklub, hier war es der FC Karl-Marx-Stadt, Oberliga, höchste Liga also, Meister von 1967, und natürlich kannten dessen Späher das Juwel. Es wurde zum FCK delegiert, so wurde das genannt, so hatte das zu geschehen. Und so landete Michael Ballack mit zehn Jahren, 1987, beim FC Karl-Marx-Stadt. Motor Fritz Heckert war Vergangenheit für ihn.

Ich bin gerne gegangen. Es war eine Erfahrung, die ich später immer wieder machen musste in meiner Karriere, wenn ich den Verein wechselte. Du lässt etwas zurück, aber du gewinnst auch was Neues dazu. Außerdem wohnte ich weiter in der Siedlung, und nach dem Training kickte ich trotzdem noch mit meinen alten Kumpels. Ich wollte einfach weiterkommen und konnte eben beim FCK mit noch besseren Spielern zusammen trainieren.

31

CHEMNITZ

Das „Café Brasil" in der Chemnitzer Innenstadt liegt gleich neben den beiden Sportgeschäften von Joachim Müller. Wer mit Fußball zu tun hat in der Region, schaut öfter mal rein. „Beim Micha verlief alles nach Plan. Es war vieles mies im Osten. Aber die sportliche Ausbildung, die war top", sagt Müller, und ein wenig spricht er damit auch von sich selbst, zu fünf Länderspielen hat er es gebracht in der DDR. Auch er hat Ballack auf einer kurzen Strecke seines Weges begleitet. Aber Müller, 53, ist niemand, an dem ein Erfolgszug einfach nur vorbeirauscht. Gleich nach der Wende machte er sich selbstständig, heute beliefert er die Klubs der Umgebung mit Fußballklamotten, und im Dezember 2005 hat er überraschend den Trainerjob beim CFC, Regionalliga, übernommen. Den Jungen von „Fritz Heckert" sah er das erste Mal bei einem Hallenturnier. „Das war fast eine Offenbarung. Ein kleiner Knopf, aber alles da: Flugball, Annahme mit der Brust, runter, Innenrist, Außenrist, rechts wie links. Unglaublich, mit zehn Jahren!" Bald darauf stand er bei Jugendtrainer Müller auf dem Platz, dem alten Mittelfeldstrategen des FC Karl-Marx-Stadt.

„Familiär" nennen manche das Vereinssystem der DDR, andere „inzestuös". Müller sagt: „Wer zu einem Klub delegiert wurde, spielte von der Jugend bis zu den alten Herren, bis er nicht mehr gehen konnte." Parallel lief für viele Staatsamateure, wie die DDR ihre Profis nannte, das Sportstudium als Vorbereitung für ein späteres Traineramt. Schließlich sollten sie das größte Zukunftskapital ihres Vereins aufbauen: den Nachwuchs. Denn bei den Erwachsenen war es offiziell nicht mehr erlaubt, Spieler anderer Klubs abzuwerben.

Ins Schaufenster seines Chemnitzer Sportgeschäfts hat Joachim Müller einen Aufsteller von Ballack platziert. Er trainierte ihn in der Jugend

Und so kam es, dass auf Talente wie Ballack ein Trainerstab wartete, gespickt mit akademisch geschulten früheren Oberliga-Recken: 16 Sportlehrer nur für die Jugend, für jede Altersklasse ein Chef-Coach mit Assistent. Die Trainingsplätze liegen noch heute im Sportforum Chemnitz gleich neben der Kaderschmiede, der damaligen „Kinder- und Jugendsportschule", der KJS, wo Ballack 1989 Schüler wurde. Der Mittelpunkt seines Lebens stand endgültig fest: Fußball. Vormittags zwei Stunden Unterricht, in einer Klasse voller Teamkameraden, zwei Stunden Training, Mittagspause, dann wieder Unterricht und noch mal zwei Stunden Training, wenigstens schlafen durfte er zu Hause – im Internat wohnten nur die Auswärtigen.

„Die Jungs haben für den Sport gelebt", sagt Müller. Er blickt nachdenklich. Er will das alles nicht verklären, und er hat seine ganz eigenen Gründe dafür. „Man könnte das auch negativ sehen und sagen, sie waren in ihren Möglichkeiten beschnitten. Etwas anderes als Fußball gab es nicht."

Ich habe das damals nie als Belastung oder Druck empfunden. Aber auch ich musste Opfer bringen, wie jeder andere auch, sonst hätte ich es nicht geschafft. Morgens um sechs aufstehen und erst abends um sechs nach Hause kommen – das war teilweise schon hart, aber ich habe es gerne gemacht. Ich weiß, dass ich sehr von dieser Zeit profitiert habe. Meine Eltern haben mir das, was ich wollte, ermöglicht, das war Fußballspielen. Ich wollte meinen Weg gehen und war in der KJS gut aufgehoben. Ich war ganz einfach glücklich damit.

Westliche Profivereine arbeiten seit Jahren daran, ihrem Nachwuchs solche Bedingungen zu bieten, wie sie der Osten schon vor Jahrzehnten hatte. Aber natürlich war das eine jener Segnungen, die ein totalitärer Staat seinen Eliten angedeihen lässt: mit dem Ziel, junge Menschen zu fördern und zu formen, damit sie der Demokratischen Republik Ruhm, Ehre und Medaillen brächten. Den Tagesablauf bestimmten die Trainer und nicht die Lehrer, der Unterricht wurde um die Trainingspläne herumgebaut, um die beste Ausbildung zu sichern, die beste sportliche. Bei Schwierigkeiten auf dem Platz wie in der Schule tauschten sich Übungsleiter und Lehrer aus. Eine scheinbar perfekte Sportwelt.

Joachim Müller nippt an seinem Milchkaffee, es wirkt, als hätte er diese Anekdote schon oft erzählt, aber auch, als liebe er das. „Er war leicht zu motivieren. Du musstest nur sagen: Das schaffst du nicht, den Ball fünfzigmal auf dem Kopf tanzen lassen! Du konntest Gift drauf nehmen, dass er es dir zwei Tage später vorführte." Auch beim großen FCK war Michael einer der Besten, spielte Libero und immer eine Altersklasse höher und auch dort als wichtigster Mann. In einem von Müllers Geschäften steht ein großer Aufsteller: Ballack im Trikot der Nationalelf. Ein bisschen hat er zu Müllers Erfolg beigetragen, immerhin darf der für seine Fußballcamps mit „Trainieren wie einst Michael Ballack" werben, und die Campschüler fahren regelmäßig nach München, wo ihnen Ballack Autogramme gibt. Müller versteckt seinen Beitrag zur Karriere des DFB-Kapitäns nicht. „Ich muss ganz ehrlich sagen: Ich hoffe, der Micha hat ein, zwei Sachen bei mir gelernt. Aber diesen Jungen zu fördern war keine große Kunst. Der war schon unglaublich weit. Das Spiel hat er damals schon gelesen."

Wer das kann, muss nur die Hälfte laufen. Manche nennen es dann Faulheit, andere Spielintelligenz. „So was wirkte für Außenstehende schon manchmal überheblich", sagt Müller. „Da kam der als jüngerer Jahrgang und zauberte vielleicht auch noch irgendeinen Trick aus dem Hut. Dazu war er ein hübscher Junge. Das bringt Neider. Aber in der Mannschaft war das kein Problem. Schon Kinder spüren: Der hilft mir, das Spiel zu gewinnen." Zudem strahlte Ballack schon damals etwas Sorgloses aus, eine selten anzutreffende Leichtigkeit, die schnell mit Leichtfertigkeit zu verwechseln ist – was bis heute immer wieder geschieht.

Der ewige Vorwurf. Müller schüttelt den Kopf. „Man hat doch seine Einstellung, seine Leidenschaft gesehen, 2002, als er sich im WM-Halbfinale opferte, den Südkoreaner foulte und sich die Sperre für das Endspiel holte. Da bin ich stolz drauf. Jonglieren kann jeder, aber dass er nicht gekniffen hat, das war unsere Schule. Da können wir Ossis mit unserer Scheißbescheidenheit schon mal stolz drauf sein."

Müller ist alles andere als ein DDR-Nostalgiker. Als Spieler hatte er voll Misstrauen beobachtet, dass bei Auslandsreisen graue Gestalten mitreisten, die alle immer gleich aussahen. Er stammt aus einer religiösen Familie, gehörte keiner Partei an, durfte deshalb beim FCK nur die jüngsten Jahrgänge trainieren, obwohl er früher eine Art Star war. Jetzt kramt er einen Zeitungsausschnitt hervor: „Enttäuschungen auf 1300 Seiten" heißt die Schlagzeile. So dick war Müllers Stasi-Akte, in der er nach der Wende nachlesen konnte, dass er über Jahre von seinem Zimmergefährten beim FCK bespitzelt wurde.

Manchmal kommt aber auch einer wie Müller in die Verlegenheit, die DDR verteidigen zu müssen. Etwa, als die Experten dort draußen in der großen Fußballwelt diskutierten, ob dieser Ballack zum „Führungsspieler" tauge, nachdem Günter Netzer behauptet hatte, so einer könne einfach keine Antreiberqualitäten haben, einer, der von klein auf ins Kollektiv gezwungen worden sei wie jeder aus dem Osten. Müller konnte nur den Kopf schütteln. „Es gab natürlich auch bei uns Spieler, die das Sagen hatten. Anders kann eine Mannschaft nicht funktionieren." Er fragt in solchen Momenten: „Ist denn einer nur Führungsspieler, wenn er außerhalb des Platzes mit Skandalen oder lauten Sprüchen von sich reden macht?" Und dann spürt man wieder jene alte Ost-West-Kälte, in der die Klischees festgefroren sind.

Die Wende 1989 erschütterte die Gewissheiten der Erwachsenen in ihren Grundfesten. Aber was kümmert die große Politik schon einen 13-Jährigen?

In meinem Alter damals nimmst du die Tragweite des Ganzen nicht so wahr. In den Westen hinübergefahren sind wir das erste Mal ein paar Wochen nach der Maueröffnung. Ich glaube, nach Hof. Ich weiß noch, wie voll die Schaufensterläden waren und wie aufregend das alles war. Wir haben wenig gekauft, nur viel geguckt. Man müsste vielleicht denken, dass die Erwachsenen doch ganz nervös waren, weil ja keiner wusste, wie's weiterging. Aber als Junge registrierst du eher Kleinigkeiten. Im Verein gab es plötzlich weniger Trainer. Der FCK hieß eines Tages Chemnitzer FC. Und die KJS Sportgymnasium. Der eine oder andere Lehrer war auch auf einmal weg. Und die Staatsbürgerkundelehrer unterrichteten nun Gemeinschaftskunde. Die hatten im letzten Jahr den Sozialismus gepredigt und sprachen jetzt von der Marktwirtschaft. Das war es aber auch. Meine Eltern arbeiteten ganz normal weiter. Mein Idol blieb Rico Steinmann, der Spielmacher des FCK. Auch als Deutschland 1990 Weltmeister wurde, änderte sich da nichts für mich. Matthäus, Völler und Klinsmann waren zwar tolle Spieler, aber das schien für mich alles viel zu weit weg. Natürlich war auf einmal die Bundesliga

Den Kopf erhoben, den Rücken durchgedrückt: Ballacks typischer Laufstil – schon seit Jugendzeiten

CHEMNITZ

ein großes Thema für uns, ich war sogar zwischenzeitlich Werder-Bremen-Fan. Aber der FCK und Rico Steinmann waren erst mal noch die Größten.

Auch wenn er noch ein Kind war, Ballack bekam zu spüren, dass sich das Leben im Fußball gewandelt hatte. Bald nach der Wende schnappte sich ein Mitarbeiter einer Chemnitzer Zeitung das größte Talent des FCK. „Michael, du würdest doch bestimmt gerne mal im Westen spielen, oder?", fragte er. Der Knabe druckste rum: „Ach nö, ich fände es schön, wenn ich beim FCK mal zu den Männern komme." Ballack verstand nicht, was der wollte. Der Journalist drängte weiter. „Aber Bundesliga wäre doch auch was Tolles." Bis der Junge sagte: „Na ja, warum sollte ich nicht auch eines Tages in der Bundesliga spielen?" Bald darauf lasen die Ballacks entsetzt in der Zeitung, wie empörend es sei, dass selbst die Jüngsten schon mit Abwanderungsgedanken spielten, zum Beispiel: Michael Ballack. Die Eltern riefen bei der Zeitung an, und am nächsten Tag musste ein Redakteur in Michaels Kinderzimmer die Gegendarstellung aufsetzen. Ballack stand das erste Mal am Pranger. Bis heute ist er argwöhnisch, überlegt sich gut, was er wem sagt.

Das Idol: Rico Steinmann, Regisseur des FC Karl-Marx-Stadt, lief zwischen 1986 und 1990 23-mal für die DDR-Nationalelf auf

Sonst bedeutete der Umbruch erst mal vor allem: endlich Turniere auch im Land der Bundesliga und natürlich schickere Sportklamotten. Zur letzten DDR-Hallenmeisterschaft verbriet Joachim Müller das Begrüßungsgeld seiner Familie, um Westtrikots für die Jungs zu kaufen, hellblau, wie es sich gehörte, doch statt „Karl-Marx-Stadt" ließ er „Chemnitz" auf den Rücken drucken – noch immer ein politischer Affront, nach zwei Spielen mussten die Leibchen ausgezogen werden. Aber Ballack beeindruckte das Karomuster der edlen Stücke mehr als die politische Geste. Warum auch nicht? Sein Leben blieb gleich, Training, Schule, Training, Schule.

Auf der KJS waren die, die es ernst meinten. Die zu den Besten im Lande gehörten und dies auch ganz genau wussten. Die sich schon als Teenager wie Profisportler fühlten. Es war eine Welt für sich. Und es gab zahllose Eltern, die davon träumten, ihre Kinder dort zu sehen, wo die großen Helden geboren wurden. Doch die Ballacks kannten das andere Gesicht dieser Welt.

Karin Ballack war als Kind Leistungsschwimmerin gewesen, auf der KJS in Magdeburg, gemeinsam mit Gudrun Wegner, die später bei Olympia Bronze holte. „Eine Viecherei. Irgendwann wurde es mir zu bunt, und ich hab's geschmissen", sagt sie heute. „Wer weiß, was sie uns da noch verabreicht hätten?" Nach dem Zusammenbruch der DDR erfuhr man, dass unter den Schwimmern schon Kinder systematisch mit Anabolika voll gepumpt wurden, auch das geschah in der perfekten Welt der Sportschulen. Der Fußball blieb davon zwar weitgehend verschont, soweit man heute weiß. Aber das Sportsystem war eine Maschine, die nicht nur Sieger produzieren konnte, sondern auch Menschen verheizte. Das wussten die Ballacks.

„Der Nachwuchssport der DDR war schlimm", sagt Stephan Ballack und beginnt zu erzählen. Schon Kinder traten als Repräsentanten ihrer Stadt an. Jugendturniere waren ein Politikum, die Zeitnahme wurde manipuliert, Spieler mit falschen Altersangaben im Pass wurden geduldet, damit am Schluss der erwünschte Sieger oben stand. „Die Bezirkswettkämpfe, das waren Katastrophen, brutal. Das wurde auch nach der Wende nicht besser. Da war ein unerbittlicher Vereinswettkampf, auch zwischen den Eltern. Die schrien ihre Kinder auf dem Spielfeld an, ich konnte das irgendwann nicht mehr hören. Oft habe ich mich auf die andere Seite gesetzt."

Frühere CFC-Trainer berichten, sie hätten genügend Kinder gesehen, die am Ehrgeiz ihrer Väter und Mütter zerbrachen. „Wir sagten Micha immer: Du musst das alles nicht mitmachen. Wenn du nicht willst und es keinen Spaß macht, hör auf!", sagt Stephan Ballack. „Und dieser Gedanke trägt ihn bis heute: Wenn Fußball keine Freude bereitet, kannst du auch keine Leistung bringen." Man musste Michael die Freude ohnehin nicht einbläuen. „Für ihn gab es nichts anderes als Sportschule, mit der Trainingstasche heimkommen, 18 Uhr, Tür auf, Tasche reingefeuert, tschüs, runter in'n Hof, noch zwei Stunden mit der ganzen Bande."

Morgens fuhr meist die Mutter oder der Vater den Sohn zur Schule, am Wochenende von der Datsche zu den Spielen. Schließlich war auch Stephan Ballack Fußballnarr, als Kind war er für die KJS in Dresden gesichtet worden, doch irgendwer, er vermutet, seine Eltern, hat verhindert, dass er wechselte. Später stieg der Stürmer mit Görlitz in die 2. DDR-Liga auf, aber es gelang den Görlitzern nicht, ihm eine Dreizimmerwohnung zu vermitteln, und das Kind war da schon unterwegs. In Karl-Marx-Stadt beendete er seine Karriere. Bereut habe er es nie, sagt er. „Der Junge hat uns so ausgefüllt." Und den Traum, ein großer Kicker zu werden, lebte nun sein Sohn.

Dabei hätte Michael gar kein Fußballer werden sollen. Die Ärzte hatten etwas ganz anderes empfohlen, nach der sportmedizinischen Untersuchung, der sich die Kleinen schon im Kindergarten unterziehen mussten. Der Körper war vermessen worden, und es kam heraus: ein perfekter Eisschnellläufer. Ideale Hebel. Fußball kam an neunter Stelle. Erfahren hat dies Michael erst viel später.

Seine Jugendmannschaft gehörte in der DDR zu den stärksten, noch heute sagen alle, die dabei waren: Wir waren gefürchtet, von Dresden bis Berlin. Einmal, in der Altersklasse zwölf, hatten sie es zu Hause in Karl-Marx-Stadt ins Endspiel der DDR-Hallenmeisterschaft geschafft, Februar 89. Ballack stand hinten im Tor und machte vorne, als spielender Torwart, die Buden, in manchem Vorrundenspiel vier, fünf, und eine Mutter sagte: „Das erwartet man ja von ihm." Dann kam das absolut größte Spiel seiner Laufbahn, das Finale gegen Schwerin. Der FCK unterlag 2:4, und Ballack stand bei der Siegerehrung niedergeschlagen auf dem Podest, er konnte niemandem in die Augen sehen. Bis sein Vater kam. „Michael, genieß diesen Augenblick. Wer weiß, ob du je wieder in ein deutsches Endspiel kommst."

37

CHEMNITZ

SCHULE

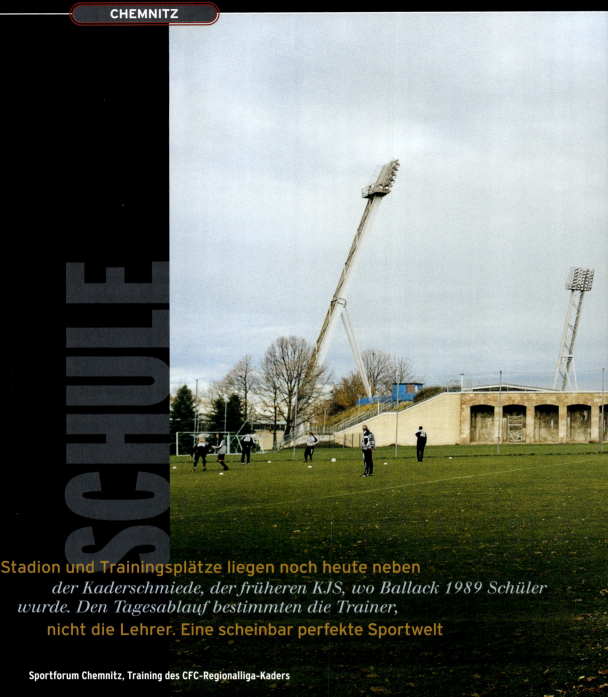

Stadion und Trainingsplätze liegen noch heute neben der Kaderschmiede, der früheren KJS, wo Ballack 1989 Schüler wurde. Den Tagesablauf bestimmten die Trainer, nicht die Lehrer. Eine scheinbar perfekte Sportwelt

Sportforum Chemnitz, Training des CFC-Regionalliga-Kaders

Jahre danach, mit 20, sagte Ballack zu seinem Vater: „Du hast Recht gehabt, damals. Ich war nie wieder in einem Endspiel." Seitdem kann er sich über zweite Plätze freuen.

Drei Jungs gaben über Jahre hinweg den Ton an in jenem Jugend-Team. Frank Bauer, ein gewitzter Stürmer, schnell und treffsicher, „Baui" genannt. Michael Ballack, hoch aufgeschossen schon damals, ballverliebt, vielleicht ein bisschen phlegmatisch. Und der dritte: Kevin Meinel, auf den Tag so alt wie Ballack, klein, aber drahtig und unwahrscheinlich ehrgeizig, aus einer Sportlerfamilie, schon von klein auf beim FCK. Ein ballsicherer Dauerrenner, der dem Micha den Rücken freihielt, wenn der nach vorne stürmte. Der Kevin war ein Riesentalent, sagt Ballack noch heute. Früher, als der FCK gegen Motor Fritz Heckert spielte, hieß es nur: Meinel gegen Ballack. Doch als sie in ein Team kamen, wurden sie Freunde.

Wie es passierte, ist nie ganz klar geworden, den Ärzten ist es ein Rätsel, die Mitspieler wissen bis heute nichts Genaues, und Kevin Meinel selbst sagt: „Ich kann da nur Vermutungen anstellen." Ein Hallenturnier in Oettingen bei Augsburg stand bevor, Winter 1990/91, die Chance, sich mit starken Westklubs zu messen. Um gut abzuschneiden, reiste die C-Jugend des CFC zur Vorbereitung nach Tschechien. Trainingslager. Dreimal täglich ging es ran, kicken, rennen, kicken. Manchmal auch nachts um zwei, sagt Meinel, Weckruf, alle Mann raus!

In der Jugend haben wir hart trainiert. Ich weiß noch: Ein Trainer ging mit uns immer in die Sauna. Einmal machte er die Tür zu. Und die blieb 30 Minuten lang dicht. Wir lagen am Schluss alle nur noch am Boden und keuchten, um Luft aus dem Türspalt zu bekommen. Er saß dann schwitzend da und schrie: „Beißen!, Jungs, beißen!". Das war richtig durchgeknallt. Aber wir Jungs zogen mit, wir wollten besser werden. Und wir hatten ja schon ein ganz schönes Niveau erreicht. Wir konnten uns auch nichts anderes vorstellen, als Fußball zu spielen. Aber als die Sache mit Kevin kam, wurde mir zum ersten Mal deutlich, dass das alles nicht so selbstverständlich ist. Dass es schnell vorbei sein kann. Im Nachhinein war das wohl der erste Moment in meinem Leben, in dem mir bewusst wurde, dass es so was wie Schicksal gibt.

Kevin Meinel, 29, sitzt in einem Café im gläsernen Herzen von Chemnitz, nicht weit vom Roten Turm, um den an diesem Herbstabend der Frost fegt. Er erzählt seine Geschichte mit fester Stimme. Die Luft war zum Schneiden dick in der Oettinger Halle, sagt er, stickig und rauchig. Manchmal fragt sich Meinel, ob es daran lag. Oft sagt er sich: Daran lag's.

Er weiß fast alles noch. Der Micha, die Torwarthandschuhe an den Händen, spielte ihm den Ball zu.

Ich erinnere mich, wie der Kevin sich plötzlich hinsetzte und die Kugel einfach ins Aus rollen ließ. Ich rief ihm zu: „Hey, was machst denn du?" Aber Kevin rühr-

te sich nicht. Dann ging alles ganz schnell. Die Trainer und Eltern rannten aufs Feld. Wir sahen ihn gar nicht mehr. Sie trugen ihn raus. Und wir spielten weiter. Wir hatten ja gar keine Ahnung, was passiert war. Wir dachten, der hatte nur irgendeine Verletzung und wartet auf uns in der Kabine.

Kevin Meinel wollte aufstehen. Aber er konnte sich nicht rühren. Sie brachten ihn in die Umkleide, wo sie ihn hinbetteten. Es tat nicht weh, aber er konnte nichts sagen. „Ich hatte so viel auf den Lippen", sagt er, „aber ich konnte die Lippen nicht bewegen." Sie fuhren ihn mit dem Notarzt ins Krankenhaus. Die erste Diagnose: Schlaganfall, die rechte Körperhälfte gelähmt. In der Augsburger Uni-Klinik untersuchten sie ihn von Kopf bis Fuß. Man fand nichts. Ballack kehrte mit dem Team nach Chemnitz zurück, langsam war durchgesickert, was geschehen war. Als Ballack zu Hause ankam, stand er weinend in der Tür. Ein paar Wochen drauf besuchte er den Freund mit seinen Eltern in Augsburg – Meinel kann sich daran nicht mehr erinnern.

Ich brachte ihm damals meinen besten Borussia-Dortmund-Wimpel mit, das weiß ich noch. Wir standen die ganze Zeit nur an seinem Bett. Wir waren wirklich hilflos. Es war ein sehr harter Moment, ihn da liegen zu sehen. Er war ja einer wie ich, ein Fußballer durch und durch, der seinen Sport unbedingt brauchte. Vor ein paar Wochen hatte er noch topfit mit uns gekickt. Jetzt lag er da, war noch halbseitig gelähmt und konnte fast nicht reden. Wir blieben zwei Stunden. Auf der Nachhausefahrt sprachen meine Eltern lange mit mir. Wir fragten uns natürlich, wie so was kommen konnte. Ein Schlaganfall mit 14! Hatte es vielleicht an der zu großen Belastung gelegen? Oder am Leistungsdruck? Meine Eltern sagten zu mir: „Wenn du jemals das Gefühl hast, dass es dir zu viel wird, oder wenn du ein Problem hast, dann sag uns das." Denn irgendwie blieb da die Frage: Kann mir so was auch passieren?

Ballacks Jugendfreund Kevin Meinel lebt noch in Chemnitz. Sein sportlicher Ehrgeiz ist ungebrochen, aber Fußball spielt er nicht mehr

Erfolg ist nicht nur eine Frage der Begabung und des Ehrgeizes. Er ist auch eine Frage des Glücks. Die Jungs mussten nun erleben, dass es in der Elitewelt der Sportschule nicht anders war. Wer wankt, wer aufgeben muss, der ist schnell abgehakt, und hinter ihm schließt sich die Lücke. So endete die Fußballkarriere des Kevin Meinel.

„Es geht nicht alles, wenn man will, aber es geht viel", sagt Meinel. Er lächelt, es ist ein hartes Lächeln. Er wehrte sich von Anfang an dagegen, in einen Rollstuhl gesetzt zu werden, brauchte lieber Stunden zu Fuß für eine Strecke von ein paar Metern. Der Ehrgeiz, der ihm zuvor im Fußball geholfen hatte, er trieb ihn nun voran. Er fühlte sich nach dem Unfall verstoßen. Das sagt er ruhig. Die Trainer hätten sich nicht gekümmert. „Solange du gesund bist, denkst du nicht daran, aber ich habe es lernen müssen: Jeder ist ersetzbar", sagt er. Nach drei Monaten Reha kehrte er nach Chemnitz zurück, er schaffte noch die Klasse, weil ihm die Lehrer halfen, wo es nur ging. Bald galt er als geheilt, bis auf ein paar Kleinigkeiten. Er musste lernen, mit links zu schreiben, und das Ballgefühl von früher war nicht mehr so da. Er wusste, mit dem Traum, Profi zu werden, war es aus. In einer Klasse, in der alle anderen für diesen Traum leben, ist das schwer. Meinel verließ das Sportgymnasium, machte eine kaufmännische Lehre und arbeitet heute für einen Paketdienst. Er fährt Rennrad, gern in vier Stunden auf den Fichtelberg und zurück, 120 Kilometer.

Aber er liebt den Fußball noch. Und da ist immer Ballack, auf allen Kanälen Ballack, sein Nebenmann von damals, der heute ganz oben ist, weil ihn das Glück nicht verließ. Meinel weiß noch gut, wie sie bei den DDR-Meisterschaften im Juli 1990 im Halbfinale unterlagen. Er hat ein Fotoalbum dabei, das endet kurz danach. Er lacht, als er die Bilder erklärt, er hat ein ganz ähnliches Lachen wie Ballack, es platzt schnell heraus, als doppelter Lacher, der herausfordernd und fragend zugleich ist. Heute ist Meinel Ballack-Fan. „Der Micha bewegt sich noch genauso wie früher. Und wenn er so sächselt, dann weiß ich: Er ist der Alte. Wenn er immer hingestellt wird, als mache er sich die Sache sehr einfach, kann ich nur sagen: Er macht sich einen Kopf. Da kenne ich ihn zu gut. Er ist ein sehr nachdenklicher Mensch."

Er hat Ballack seit Jahren nicht mehr gesehen. Zu gern würde er ihn mal wieder treffen. Einfach nur quatschen, sagt Meinel. „Und ihm dann eins sagen, dem Micha: dass er noch besser werden kann. Dass er verdammt noch mal noch mehr tun soll. Dass es für ihn keine Grenze gibt, wenn er es nur versucht."

Der Kevin war raus. Aber für die anderen ging es weiter: Training, Schule, Training, Schule, Spiele, Turniere. Täglich waren sie im Sportforum. Zwischen dem Gymnasium und dem zweistöckigen Kasten der Amateur-Abteilung des CFC liegt noch heute nur ein Fußballplatz, die Wege sind kurz, Schwimmbad, Kraftraum, Tartanbahn, alles nur einen Abschlag entfernt. Beste Bedingungen für die Besten. Und Ballack war umschwärmt. Die Jugendtrainer stritten sich, wo er zu spielen hatte, viele wollten ihn in ihrer Mannschaft sehen. Als Anerkennung, der Vielversprechendste seiner Altersklasse zu sein, bekam er vom CFC monatlich 50 Mark.

Aber natürlich hatte die Sache mit Meinel die Jungs nachdenklich gemacht. Ihnen eine Ahnung davon gegeben, wie schnell alles vorbei sein kann. Nur: Wie lange denkt ein 14-, 15-Jähriger darüber nach, wenn der Alltag weitergeht? Und dann bist du selbst fällig.

Ullus Küttner hat das alles seit drei, vier Jahren nicht mehr erzählt, „es gibt hier viele, die nichts mehr von Ballack wissen wollen, aber auch zu viele Deppen, die damit angeben, ihn mal aus fünf Metern Entfernung gesehen zu haben". Küttner, 49,

A-Jugend-Coach, Honorarkraft des DFB, Marlboro-Raucher, ist seit 1982 als Trainer im Verein. Es war im August 1992, Deutschland nannte sich Weltmeister, gerade hatte die Nationalelf das EM-Endspiel gegen Dänemark verloren, damals empfanden die Fans so was noch als Blamage. Ballack stand kurz vor seinem 16. Geburtstag. Ein Leben als Profi rückte immer näher.

Doch seit Frühjahr schmerzte sein rechtes Knie, das kommt vor, natürlich, aber als er es zu Beginn der neuen Runde nicht mehr aushielt, ging er zum Arzt. Der verordnete eine Arthroskopie.

Es fing alles ganz harmlos an. Das Knie tat erst nur ab und zu weh, dann öfter, und irgendwann wurde es immer wieder dick. Ich hatte mir nicht so viel dabei gedacht, das schien alles nicht schlimm, es musste halt gemacht werden. Und eines Tages liege ich in der Klinik im Bett, bin gerade aus der Narkose erwacht und sehe den Arzt in seinem weißen Kittel vor mir. Das war ein normaler Arzt, keiner, der sich viel mit Sportlern beschäftigte. Er sagte: „Die Operation ist gut verlaufen. Wir haben den Knorpel geglättet. Aber mit Fußballspielen wird das nichts mehr." Das sagte er ganz kalt, als sei das eine Nebensache. „Gar nie mehr?" Er sagte: „Auf jeden Fall kein Leistungssport." Und dann flossen bei mir die Tränen.

Es gibt wenige Sportverletzungen, die schmerzhafter sind. Wenn die dämpfende Knorpelmasse aufgerieben ist, schmirgeln die Knochen im Gelenk ohne Puffer aufeinander. Den Knorpel zu glätten verschafft oft nur Linderung, keine Heilung. Unter Fußballern heißt es noch heute, da die Medizin weiter ist: Ein Knorpelschaden im Knie ist ganz übel. Bis heute fällt es Ballack schwer, über diesen Augenblick zu reden. Er macht es ganz selten, und wenn man ihm dabei gegenübersitzt, ahnt man, warum.

Ich konnte das alles gar nicht einschätzen, ich hatte nur die Sätze des Arztes. Der hatte im Nachhinein sehr gute Arbeit geleistet, aber keine Ahnung, was in einem Fußballer vorgeht. Ich fiel in ein Loch. Ich konnte mir ja kein Leben ohne Fußball vorstellen. Doch mein Vater sagte gleich: „Bleib ruhig. Warte erst mal ab." Ich glaube, das ist eine Eigenschaft unserer Familie: positiv denken. Und das ist für mich bis heute auch bei kleinen Verletzungen wichtig: dass man da optimistisch bleibt.

Aber die Situation sah so aus: Ballack war nun in der A-Jugend, deren Coach hatte wenig Zeit für den verletzten Neuen, und die Zweitligamannschaft war für ihn noch zu fern. So drehte er, nachdem er sich von der OP erholt hatte, allein seine Runden. Und musste sich zum ersten Mal in seinem Sportlerleben sehr einsam fühlen. Bis sich Küttner seiner annahm. Ausgerechnet Küttner, den nicht wenige fürchteten und mit dem kaum einer richtig warm werden konnte. Über den Platz brüllte er beim Training meist solche Sachen: „Du Blinder, gib ab!"

Ullus Küttner trainiert heute die A-Jugend des Chemnitzer FC. Ballack war der erste Jugend-Spieler, den er in monatelanger Reha wieder aufbaute

CHEMNITZ

Ullus Küttner sieht auch nicht so aus, als wolle er mit jedem warm werden. Er sitzt grimmig in einer Chemnitzer Pizzeria und sagt erst mal lange gar nichts, er ist einer, der eine Geschichte am liebsten zweimal zu wenig erzählt.

August 1992. In der blauen Baracke riecht es feucht und warm und grasig, echter Fußballerdampf. Die Treppe hoch und rechts, den Gang durch, da sind die Büros der Trainer. Ganz hinten sitzt Ullus Küttner. Grauer Bart aus Schmirgelstoppeln. Und Schmirgelblick. Von seinem Schreibtisch aus sieht er den Trainingsplatz mit der Aschenbahn, die Rückseite des Stadions und das schmale Laufband aus Rindenmulch. Küttner stutzt. Da draußen kommt schon wieder dieser hoch aufgeschossene Bursche angetrabt, auf dünnen Beinen. Eine Runde nach der anderen zieht der ab. Was macht der Kerl denn da?, fragt Küttner brummend.

Ein Kollege, der auch aus dem Fenster starrt, sagt: „Das ist der Ballack."

Talent aus der B-Jugend, denkt Küttner, guter Spieler. „Und?"

„Knorpelschaden. Im Knie. Kann sein, dass das nix mehr wird."

Küttner schaut dem Jungen hinterher. Ganz langsam rennt der über die Bahn, als ob er seinen Muskeln nicht traue. „Den kann man doch nicht einfach nur so rennen lassen", sagt er. „Wer kümmert sich um den?"

In jenem Jahr arbeitete Küttner auf einer ABM-Stelle, sie hatten seinen Trainerposten gestrichen nach der Wende. Seine Aufgabe war jetzt vor allem, Kinder zu sichten. Verletzte Talente zu betreuen, das bezahlte keiner. Küttner setzte sich mit Jugendkoordinator Manfred Lienemann zusammen, einem listigen Typen, Meisterspieler von 1967. Und ein Mann, der weitsichtig genug war, den Jungen aus dem Mannschaftstraining herauszulassen, um nichts zu riskieren. „Mach du das", sagte Lienemann, „einen Versuch ist es wert." Warum Küttner ja sagte? Idealismus, das Wort verwendet er nicht. Küttner hatte selbst einst einen Knieschaden erlitten, mit 27, 28 Jahren, er konnte Ballack ein bisschen verstehen. „Er hat mir leidgetan, das war alles." Küttner betreute danach noch vier, fünf andere Spieler, „denen ging's genauso dreckig", aber Ballack ist eben der, der sein erster Pflegefall war. Auch etwas Besonderes? Küttner schweigt erst. „Na ja. Wenn ich Ballack heute spielen sehe, denke ich mir: Guck mal, die Pfeife haste ooch mal gehabt."

Ich hatte damals richtig Glück, dass man sich so um mich gekümmert hat. Sonst wäre ich wahrscheinlich zu ungeduldig geworden. Und dann hätte es tatsächlich vorbei sein können, da gibt es genügend Fälle. Aber Lienemann hat mich erst mal gebremst. Und Küttner? Der hatte ganz schön den Ruf eines Schleifers. Das war keiner, der einem Streicheleinheiten verpasste. Ich wusste, dass das eine harte Zeit werden würde. Aber er hat mich behutsam fit gemacht und ganz genau geschaut, dass ich nicht zu früh anfange. Ein halbes Jahr durfte ich erst mal gar nichts machen, ich bin fast verrückt geworden.

45

CHEMNITZ

Der Junge war am Anfang unheimlich deprimiert, der hatte die Schnauze voll, der litt unglaublich, Küttner sah das gleich. Keiner konnte ihm sagen, ob es überhaupt noch mal etwas wird. „Ich war ehrlich zu ihm: Komm, Michael, wir machen das, aber was rauskommt, weiß ich nicht. Ich konnte ihm ja nichts versprechen." Ballack bekam vom CFC auch einen Physiotherapeuten an die Seite, Burkhard Wind, allseits beliebtes Unikum, von dem Ballack heute noch sagt: „Das war vielleicht 'ne Type."

Ich glaube, ich habe in der Zeit mehr Medizinbälle gesehen als in meinem ganzen restlichen Leben. Irgendwann kommst du dann ins Training, legst dich wieder auf die Gymnastikmatte und denkst nur, ich hab einfach keinen Bock mehr, schon wieder diesen Scheiß zu machen. Wofür? Du weißt doch gar nicht, ob das Knie überhaupt hält. Die Sätze des Arztes hatten sich in meinen Kopf eingebrannt. Was Kevin Meinel zwei Jahre vorher passiert war, war natürlich viel schlimmer, das kann man gar nicht vergleichen, aber trotzdem denkst du: Ist bei dir jetzt auch alles vorbei? Ich malte mir aus, wie ein Leben ohne Fußball aussehen sollte. Es fiel mir aber nichts ein.

Der Kerl trainierte lustlos. Es fehlte ihm der Ball, es fehlte ihm vor allem Hoffnung. Küttner schaute sich das eine Weile an, beim Aquajogging, beim Zirkeltraining, der Junge spulte das Programm ohne Überzeugung ab. Ständig löcherte ihn Ballack: Hilft das echt? Ein paar Wochen ging es so. Dann baute sich Küttner vor ihm auf: „Entweder wir machen das nach meinen Vorstellungen. Oder du kannst mich am Arsch lecken. Mich geht das dann nichts mehr an."

Küttner lacht jetzt, und diesmal ist da ein überraschender, sanfter Zug um seinen Mund. Hätte er wirklich hingeschmissen? „Na, klar. Das war kein Bluff. Er konnte sich doch nicht so gehen lassen. Es war nicht so, dass er direkt schimpfte oder klagte. Er sagte nie was, aber man sah das an der Körpersprache, am Abwinken. Er war aber nicht blöd, er wusste seitdem, er muss mit mir zu Rande kommen. Von da an ging es."

Das Ganze hat mich am Anfang frustriert, aber dann hat es meinen Ehrgeiz gekitzelt. Und Schritt für Schritt konnte ich immer mehr machen. Eines Tages durfte ich endlich wieder an den Ball, und irgendwann hat mich Küttner ins Mannschaftstraining entlassen. Ohne große Worte, das war ja kein sentimentaler Typ. Ich war wieder beim Team, und das Knie hielt! Das war ein großer Moment. Dann kam das erste Spiel, ich dachte, ich müsste nach dieser Plackerei so fit sein wie nie, doch nach zwanzig Minuten habe ich geglaubt, meine Lunge haut's raus. Aber egal, ich konnte wieder spielen. Und heute denke ich: Das war schon eine Zeit, die mir viel gebracht hat. So was gehört dazu: eine Verletzung, am Scheideweg stehen, vielleicht gar nicht mehr Fußball spielen können. Und sich richtig zurückbeißen zu müssen.

46

Noch immer das Wahrzeichen der Stadt: Die mächtige Büste von Karl Marx wird im Chemnitzer Volksmund „Nüschel" genannt

Ballack, im Trikot des FC Bayern, schreit im September 2005 nach einem Tor seine Freude heraus. Zehn Jahre zuvor war das nur ein ferner Traum, der Abiturient stand erstmals im Profikader des CFC

2
AUF DEM SPRUNG

Nach seiner Knieverletzung schöpft Ballack neuen
Mut. Mit Cleverness und Charme baut er ein gutes Abitur,
*sein Können führt ihn zu den Profis des CFC.
In der 2. Liga erlebt er Existenzkampf pur, sein Klub*
steigt ab. Nun steht er vor der Wahl: wechseln oder nicht?

Der Chemnitzer FC, Aufstiegsaspirant der 2. Bundesliga, Saison 1995/96. Oben, Zweiter von links: Ballack. Mitte links: Trainer Häfner

CHEMNITZ

ABSTIEG

Ein Team, drei Gruppen:
 die ewigen Chemnitzer,
die verwöhnten Dresdner
und die harten Kroaten

Ballacks Lehrer am Sportgymnasium: Karin Klinger, Dieter Janietz, Margitta Teucher und Gisela Streubel vor der renovierten Schule

ENDLICH PROFI

VIER LEHRER SIND VERSAMMELT IM DIREKTORENZIMMER DER ehemaligen KJS, die heute eine „Eliteschule des Sports" ist, das Schulgebäude ist renoviert, frisches Grau, und es erinnert noch immer ein wenig an Plattenbau. Natürlich erscheinen im Nachhinein immer jene **Schüler als Charakterköpfe, die später Ruhm einfahren, Kati Witt, Lars Riedel etwa, die hier auch ausgebildet wurden. Aber man muss wirklich nicht** besonders bohren, damit sie vom jungen Ballack erzählen.

„Michael", sagt Herr Janietz, Geschichte und Russisch, „war ein optimistischer Typ. Etwas zum Schalk neigend, aber immer positiv. Er wusste, was er wollte. Und er hat seine Anstrengung in Richtung der Resultate dosiert." Zustimmendes Lachen in der Runde. Frau Klinger, Kunst: „Er wusste, wie er aussah und ankam. Er hatte nie schlechte Laune, und erreichte mit seinem Charme fast alles." – „Er war dabei sehr souverän", sagt Frau Streubel, Musik, „ohne überheblich zu sein." Heute müsse Ballack für ihre Schüler sogar als Vorbild herhalten. „Ich sehe mit großer Freude, dass er die Hymne ordentlich singt: Mund auf, Text ist da und auch verinnerlicht." Frau Streubel lacht, Herr Janietz erzählt die Anekdote, wie Ballack zu einer Klassenleiterin mal sagte: „Machen Sie sich keine Sorgen, ich werde sowieso Profi." – „Zugleich", sagt Frau Streubel, „war er immer auf Harmonie bedacht. Er trat nie als Chef hervor, wusste zwar immer um seine Fähigkeiten, fügte sich aber gerne ein."

Frau Klinger hat inzwischen einen Linoleumdruck ausgepackt. Ein echter Ballack, sie hat ihn aufbewahrt: Ein junges Pärchen von hinten im Ruderboot, auf dem Chemnitzer Schlossteich, das Mädchen, mit langem Haar, hat eine Hand um die Schulter des Jungen gelegt, der Junge seine Hand etwas tiefer, wo auch immer. Die Aufgabe war, eine Szene aus dem Sportleralltag zu zeigen. „Das war typisch für Michael, irgendeine freche Wendung zu suchen, ohne dass man ihm dafür böse sein konnte." Die Mädchen jedenfalls fanden den Fußballer sehr smart. „Wobei er keiner unserer permanenten ‚Heckenschmuser' war", sagt Herr Janietz. Und auch kein Star der Schule. „Es gab ja lauter gute Sportler", sagt Frau Teucher, Geschichtslehrerin. „Aber der eine hat das und der andere nicht: Michael hat schon immer geleuchtet."

Der Knorpelschaden und die zähe Reha hatten Ballack Geduld und Ausdauer gelehrt. Aber die Gelassenheit, seine merkwürdige Leichtigkeit, hatten sie ihm nicht ausgetrieben. Wer ihn nicht allzu gut kannte, hielt diesen Burschen für einen Sonnyboy. Und wer ihn besser kannte? Manchmal wussten auch die Eltern nicht so genau, wie es in ihm aussah. „Da mussten wir hartnäckig sein, um eine klare Ansage zu

CHEMNITZ

bekommen, wie es ihm geht", sagt sein Vater. Ein Schutzschild, wie es sensible Menschen gerne vor sich her tragen? „Vielleicht ist es so. Ich weiß es nicht, ganz ehrlich."

Es waren schwere Zeiten für den verwöhnten Ost-Sport angebrochen. Ballack gehörte zu einem der letzten Jahrgänge, die unter Bedingungen aufwuchsen, die den Standard der DDR hielten. Es ist eine dieser Fügungen, die sein Leben begleiten: Er war alt genug, um gerade noch die Segnungen des Ostens zu genießen, und jung genug, um die Chancen des Westens zu nutzen. Im CFC sagen sie, „dass die KJS ein paar Jahre nach der Wende platt gemacht wurde". Die Empörung schwelt bis heute, da das Sportgymnasium fast wieder das alte Niveau erreicht hat. Natürlich ist dies auch ein Wehklagen der Bevorzugten, denen Privilegien genommen wurden. Aber es war die Zeit, in der zahlreiche Übungsleiter gehen mussten, so wie Küttner; in der aus dem leidenschaftlichen Trainer Hänisch ein Versicherungsangestellter wurde; in der von einem Tag auf den anderen zwei Lehrer an der KJS aufhörten, Stasi, hieß es nur. Verrückte Zeiten. Doch wer Sport machte, so wie Ballack, hatte einen Vorteil. Sein Ziel blieb das alte.

Für mich war Fußball weiterhin das Wichtigste. Aber ein bisschen Zeit zum Ausgehen hatten wir auch. Jeden Donnerstag war Disco im UK 13, unten am Sportplatz. Das begann um sechs Uhr und ging bis neun, maximal halb zehn, dann war Zapfenstreich. Dort bin ich eigentlich immer rein, sobald ich alt genug war: kicken, duschen und ab. Es war immer gerammelt voll. Ich war mit 14, 15 zum ersten Mal da. Da gingen ja auch die Mädchen hin. In der Zeit fing es langsam an mit Freundinnen, ich hatte in Chemnitz ein paar, aber es war nie was Festes, irgendwie noch nicht das Richtige. Im UK13 habe ich auch mein erstes Bier getrunken, hat mir aber überhaupt nicht geschmeckt. Viele meiner Kumpels haben auch geraucht, aber ich nicht – ich könnte es ja heute zugeben, ich bin alt genug. Einmal probiert, ich fand's ekelhaft. Im Club wurde eher linke Musik gespielt, Depeche Mode, Ärzte, Tote Hosen. Es hatte nach der Wende einen politischen Touch bekommen. Nun waren hier auch Bekloppte, die in Springerstiefeln rumgerannt sind und Bomberjacken getragen haben und auf rechtsradikal machten, Halbstarke eben. Aber auch die Linken. Richtig Ärger gab es trotzdem nie. Im Wohngebiet hat sich einfach alles getummelt, auch Gruftis und Popper und was es alles gibt. Ich habe nie zu einer Gruppe gehört, ich war immer außen vor. Ich hielt das für oberflächlich. Das war nur Mache, dachte ich. Die haben gar keinen Hintergrund, das ist ihre Beschäftigungslosigkeit. Reden konntest du mit denen auch nicht. Die wollten wohl einfach nur was darstellen. Ich weiß nicht, ob ich da reifer war als andere. Oder einfach nur abgelenkt durch meinen Sport und dadurch neutral. Ich wusste, was ich machen wollte, während viele von denen keine klare Idee hatten, was sie mit ihrem Leben anstellen wollten.

Die neue offene Welt hatte Chancen und Träume gebracht. Aber sie brachte auch Gefahren. Und die einen waren oft schwer von den anderen zu trennen. Auch für Fußballer. Bald nach der Wende wurde ein Spieler von der KJS geworfen, weil er geklaut hatte, überall lockte auf einmal praller Luxus. Die größten Vorbilder waren in den Westen gewechselt, DDR-Helden konnten nun internationale Stars werden.

„Die Wende", sagt Reinhard Häfner, „kam für uns in Form von Reiner Calmund." Häfner ist 54, er trägt sein graues Haar noch in der Vokuhila-Frisur, die Fußballer in den 80ern hatten. Häfner ist der Trainer, der Ballack 1995 in die erste Mannschaft holte, ein Fußballheld der DDR, 58 Länderspiele, 1976 Olympiasieger, da warfen sie im Viertelfinale Frankreich samt Platini raus, 4:0. 1990 führte er als Coach Dynamo Dresden zu DDR-Meisterschaft und Pokal, mit Matthias Sammer und Ulf Kirsten im Team. Ins Paradies war es jetzt nicht mehr weit – zum Trainingslager ging es nach Gran Canaria. Es war schön warm dort, und was man nicht alles für Leute traf! Eines Morgens schlurfte Häfner im Hotel zum Büfett, und da saß, schwer zu übersehen, Leverkusens Manager Calmund am Frühstückstisch. Callis Kollegen waren auch nicht weit. „Von einem Tag auf den anderen waren fünf Nationalspieler weg", sagt Häfner.

Kirsten ging bald darauf nach Leverkusen, Sammer nach Stuttgart. Die DDR-Verträge waren nichtig, keiner hatte in den neuen Ländern eine Ahnung, was in einem DFB-Lizenzvertrag zu stehen hatte. Und keiner wusste, was zu zahlen, was zu verdienen war. Seitdem gibt es auch im Osten die typischen Profigeschichten zu erzählen, und die handeln nicht nur von Millionenverträgen. Viele gehen wie jene, die Ullus Küttner so zornig macht, von diesem Riesentalent, das sie vor ein paar Jahren in Chemnitz aufbauen wollten, stetig, wie man es früher tat, aber der Junge wechselte zur großen Hertha aus Berlin, wo man schon im Nachwuchs ein paar hundert Euro bekommt, sie hatten ihm in Chemnitz erklärt, wie schwer es sei, dort Fuß zu fassen, und heute, nach ein paar Jahren, ist er beim CFC zurück, sitzt in der Regionalliga auf der Bank, „ohne jegliches Selbstvertrauen. Da tut dir alles weh, wenn du das siehst", sagt Küttner. Lange vorher hatte Ballack aus der Ferne verfolgen dürfen, wie sein Idol Steinmann, das strahlendste Talent der DDR, mit 23 zum 1. FC Köln wechselte – und dort langsam immer kleiner wurde.

Reinhard Häfner, DDR-Fußballlegende, war Ballacks erster Profitrainer. Kurz vor Ende der Saison 95/96 wurde er gefeuert

Für Ballack kam kein Angebot. Nach der Verletzung musste der Junge erst wieder Tritt fassen, und es ist typisch für Ballacks Laufbahn, dass sich selbst der Knorpelschaden im Nachhinein als Segen deuten lässt: weil er ihm die Zeit gab, sich in Ruhe zu entwickeln. Es ertönte in dieser Phase kein Sirenengesang, der ihm den Kopf verdrehen konnte. Manche nennen ihn noch heute ein Glückskind. Zumindest hat er ganz sicher das Glück der rechten Augenblicke.

Ballack blieb beim CFC. 1994 kam Trainer Häfner zu Ohren, dass es da einen Jungen gebe, in der A-Jugend, schlaksiger Kerl, der spiele Libero, habe aber trotzdem 30 Tore in der Saison geschossen. „Den sah ich mir an", sagt Häfner heute.

CHEMNITZ

„Michael machte damals schon diese Kopfballtore. Er hatte das alles. Auch diesen aufrechten Gang. Manche hielten das für überheblich. Aber das hat damit zu tun, dass man den Überblick bewahrt, peripheres Sehen. Er erinnerte mich sofort an Beckenbauer." Häfner lud den Burschen ins Training ein. Im Jahr drauf, Saison 1995/96, war Ballack fest bei den Profis. Er war 18 Jahre und hatte das Abi frisch in der Tasche.

Ich war kein übertrieben ehrgeiziger Schüler. Aber ein gutes Abi wollte ich natürlich machen, zum Schnitt von 2,5 hat es gereicht. Als Leistungskurse hatte ich Geschichte und Deutsch, obwohl ich noch nie gerne gelesen habe. Im Sport habe ich natürlich leicht Punkte gesammelt. Im Volleyball 15, die Höchstpunktzahl, mehr ging nicht. Das hatte ich früher oft mit meinem Vater auf Rügen und Usedom am Strand gespielt. Im Fußball gab's dafür nur 14. Da ist mir beim Passen gegen die Holzbank einmal der Ball drübergehoppelt.

Der CFC spielte in der 2. Bundesliga, die Fans träumten von der Elite, zu der hatte man in der DDR gehört. 1990 war man nochmals Vizemeister und Europacup-Teilnehmer. Aber in der letzten Oberligasaison 90/91 wurde der CFC Fünfter, verpasste bei der Vereinigung der Fußballverbände die Qualifikation zur 1. Bundesliga.

Die Zweitligamannschaft des CFC von 1995, die Ballack willkommen hieß, bestand aus drei Gruppen: den ewigen Chemnitzern, scharfzüngigen Haudegen, die ihre Pfründe verteidigen wollten. Den Spielern, die Häfner aus Dresden mitgebracht hatte, Männer von Dynamo, an Erfolge gewöhnt. Zum Dritten: den Legionären aus Kroatien. Und die Jungen wie Ballack? Die liefen so nebenher. „Er wurde noch nicht als Bedrohung angesehen", sagt Häfner. „Er wollte viel, meistens zu viel. Beim ersten Einsatz von Beginn an musste ich ihn zur Halbzeit rausnehmen, weil er sich aufgerieben hatte. Als Typ aber hat er nicht polarisiert: Michael hielt sich jenseits von rechts und links, er war geachtet, aber auch nicht geliebt wie ein Nesthäkchen."

Ballacks Art bewährte sich in dieser zerrissenen Mannschaft als Überlebensstrategie: Wo auch immer er neu hinzustößt, er hält sich erst mal raus. Jahre später sollte ihm diese Eigenschaft immer mal wieder als Gleichgültigkeit vorgeworfen werden, als Unfähigkeit, Verantwortung zu übernehmen.

Damals war es wohl besser so. Es war ein Kampf, jeden Tag. „Im Training gab's richtig auf die Knochen", sagt Häfner. „Da waren Spieler dabei, da drehtest du dich als Coach entsetzt weg, wenn die im Training zur Grätsche ansetzten." Manchmal schlugen sich unter der Woche die Kroaten und die eingesessenen Chemnitzer gegenseitig auf die Schnauze. „Was machst du da? Die kannst du nur in die Kabine schicken und sagen: Macht da weiter. Oder du wartest, bis es vorbei ist." Häfner schüttelt den Kopf, seit ein paar Jahren ist er nicht mehr im Trainergeschäft, und er sagt, das soll auch so bleiben. „Michael hat sich nie etwas gefallen lassen, wenn ihn einer unterbuttern wollte. Es ist Unsinn, wenn heute jemand sagt, Ballack könne kein Zeichen durch Härte setzen. Das musste er doch damals schon."

Es ging ziemlich zur Sache. Das war eigentlich eine super Mannschaft. Mit Leuten wie Gütschow, Melzig, Panadic, der später beim HSV war, Aracic, der zur Hertha wechselte, und auch Gerber und Meißner, die jetzt in Stuttgart spielen. Es sah alles gut aus. Zur Winterpause waren wir Vierter oder Fünfter. Aber plötzlich gab's finanzielle Probleme, einige Spieler bekamen ihr Geld nicht mehr, Unzufriedenheit kam auf. Und dann stürzten wir ab. Das war schon beeindruckend für einen 19-Jährigen. Ich hatte anfangs immer meine Chancen bekommen, und auf einmal saß ich meistens auf der Tribüne, es war Abstiegskampf. Da steht zu viel auf dem Spiel, sagten die Verantwortlichen beim Club, wir würden dir keinen Gefallen tun. Das Komische war: Wir haben erst gar nicht gemerkt, dass da was schief lief. Wir träumten noch von der 1. Liga, da ging es schon in den Keller, Wahnsinn.

Ballack war auf 15 Einsätze gekommen. Jetzt war er außen vor. Noch vor Saisonende wurde Häfner gefeuert. Und der Klub musste am Ende in die Regionalliga, ein Punkt fehlte.

Am Tag nach dem letzten Spiel standen wir in der Kabine. Es war kein Trainer da. Keiner wusste, wie es weitergeht. Die Spieler waren alle total ratlos, auch die Erfahrenen. Das waren Auflösungserscheinungen. Die Jungs fragten sich untereinander: Bleibst du jetzt? Was machst du? Am Tag zuvor hatten wir noch auf den Klassenerhalt gehofft, und dann ging das ruck, zuck. Als alles vorbei war, gingen elf Stammspieler. Wupp, waren die alle weg, alle auf einmal. Eine ganze Mannschaft. Ich war in einem Alter, in dem das eigentlich kein Thema war zu gehen. Absolut nicht. Aber ich kam natürlich auch ins Grübeln. Doch der CFC war nun mal mein Verein. Und wir hofften, sofort wieder aufzusteigen.

Hinter dem Stadion an der Gellertstraße ragt das Symbol einer glorreichen Zukunft empor, die niemals Gegenwart wurde, ein altes Fachwerkhaus mit blinden Fenstern. Ein ehemaliges Altersheim, aus dem der Chemnitzer FC Mitte der 90er ein Reha-Zentrum machen wollte, als Stephan Dürrschmidt noch Manager war und die Zeit reif schien für große Pläne. Doch aus der Idee wurde nichts, und es ist wie auch anderswo im Osten, gescheiterte Träume lassen einen hier so schnell nicht los. Der Bau steht leer. Viele Fenster sind eingeschlagen.

Dürrschmidt, 60, geht humpelnd über den Kies, er stützt sich beim Gehen auf einen Stock, Ärztepfusch, alte Geschichte. Vor der Wende hat er jahrelang als Leichtathletik-Obmann beim FC Karl-Marx-Stadt gearbeitet, obwohl er von Leichtathletik keine Ahnung hatte, eigentlich kümmerte er sich um den Fußball, mischte unter der Hand mit, durfte ja keiner wissen, sagt er. Dann brach die DDR zusammen, und Dürrschmidt wurde bald Chef der Lizenzspielerabteilung des CFC.

Das Stadion ist ein kompaktes Viereck, die Zäune hellblau gestrichen, in den CFC-Farben, mit herrlichen alten Bäumen jenseits der Ränge. Gerade richtig für die Regionalliga, 15 000 Zuschauer passen hinein. Aber es kommen meistens nicht mehr

Stephan Dürrschmidt, 60, früherer Manager des Chemnitzer FC, heute Talentscout im Osten. Im Stadion an der Gellertstraße, seiner alten Wirkungsstätte, trägt der CFC noch heute die Regionalliga-Heimspiele aus

als 3000 zu den Spielen. In Dürrschmidts Büro hängt ein Poster, „für Stephan" steht darauf – Ballack in seinem ersten Trikot beim 1. FC Kaiserslautern. „Manche Leute in Chemnitz sind nicht stolz auf ihn, die werfen mit Dreck", sagt Dürrschmidt. „Da ist viel Neid und Missgunst." Und die Stadt, fährt Dürrschmidt fort, wie er zur Trainerbank geht, da sei alles austauschbar, die habe kein Herz. Er sagt das eher nüchtern, verbittert sieht er nicht aus. Ballack ist eine Herzensangelegenheit für ihn. Dürrschmidt gehörte zu denen, die den Jungen überzeugten, noch ein Jahr zu bleiben.

Ballack weiß noch heute Dürrschmidts Handynummer auswendig, das war einer, dem er vertraute. Zum Pokalspiel in Ulm nahm der Manager Ballack mit. Vier Stunden Autobahn, im roten Audi A4, nur der Macher und das Talent. „Hör zu", habe Dürrschmidt zu Ballack gesagt, „wenn es so weit ist, dass du interessant wirst für andere, kümmern wir uns um dich." Ballack schob den Sitz ganz nach hinten und machte sich lang. Dann fingen sie an zu reden. Das heißt, vor allem Dürrschmidt redete. Ballack hörte zu, das kann er, zuhören. „Er sagte nicht viel", erzählt Dürrschmidt. „Er wusste, was er wollte: In den bezahlten Fußball. Das war in seinem Herz. Aber er hat es nicht gesagt. Er hat für sich aus Gesprächen das Beste rausgenommen."

Ballack, sagt Dürrschmidt, konnte man vertrauen. Einmal bat er ihn um sein Auto, die Jungen wollten nach einem Auswärtsspiel noch auf die Piste. Dürrschmidt sagte nicht mal, wehe, du baust einen Unfall. „Ein Blick, und ich wusste, ich konnte mich auf ihn verlassen. Er wusste, wie weit er gehen kann, das hat er nie missbraucht." Bald besuchte der Manager jedes U21-Länderspiel, Ballack war seit einiger Zeit im Kader. Der Junge kochte vor Wut, als Trainer Hennes Löhr diesen Thomas Cichon zum Kapitän machte. „Das hat an ihm genagt", sagt Dürrschmidt. Und natürlich fing in dieser Zeit auch bei Ballack der branchenübliche Wahnsinn an. Schräge Gestalten, die beim Kaffee in Raststätten die Story vom großen Geld auftischten, drängten sich den Ballacks als Berater auf. Aber die ließen sich nicht einfangen von Sprüchemachern, eine Familie aus dem Osten, die noch heute stolz darauf ist, sich als bodenständig zu bezeichnen.

Zur Bodenständigkeit gehört auch Geduld. Ballacks Vertrag war nach dem Abstieg ungültig geworden, er durfte ohne Ablösesumme wechseln. Er war begehrt. Zweitligist Fortuna Köln wollte ihn, auch andere Klubs. Und Werder Bremen meldete sich. Ballack reiste neugierig an, Werder, für die hatte er als Teenager geschwärmt.

Bremen, das war die große Fußballwelt. Und nun saß ich dort mit Lemke und Dörner. Damals war Dixie Dörner noch Trainer, ein altes DDR-Idol, und der Willi Lemke als Manager war ja auch eine große Nummer. Das Angebot hörte sich erst mal sehr interessant an. Die wollten mich, sagten sie. Ich hatte noch keinen Berater, mein Vater war dabei. Aber dann sagte Willi Lemke den Satz: „Selbst wenn du nicht spielen würdest, kannst du noch so und so viel Geld verdienen, viel mehr als in der 2. Liga oder in Chemnitz." Und da dachte ich: Wieso sagt der das? Klar würde ich mehr Geld bekommen als beim CFC, selbst wenn ich nicht spiele. Aber

CHEMNITZ

ich will ja spielen. Das war mir doch das Wichtigste. Ich musste spielen, um besser zu werden. Es kam der Tag, an dem ich mich entscheiden musste. Mein Vater kam in mein Zimmer, und wir gingen noch mal alles durch. Am Ende sagte er: „Willst du es dir nicht noch mal überlegen? Dass du doch hier bleibst? Nur so vom Gefühl her. Ich habe das Gefühl, du willst nicht." Er kennt mich ja wie kein anderer. Und er hat mir damit aus dem Herzen gesprochen. Ich war erleichtert, als die Entscheidung gefallen war. Weil ich einfach nicht zu hundert Prozent überzeugt war.

Ballack blieb zu Hause, im vertrauten Umfeld. „Er war nicht wie ein Lukas Podolski, der mit 18 schon ein Stier war. Der Micha war einfach noch nicht reif", sagt Dürrschmidt. In Ballacks neuen Vertrag wurde eine fixe Ablösesumme hineingeschrieben, ein Schnäppchenpreis für Bundesligisten: 100 000 Mark. Von nun an verdiente Ballack das erste Mal richtig Geld, rund 10 000 Mark im Monat, heißt es beim CFC.

Dürrschmidt stellte den Ballacks eines Tages Wolfgang Vöge vor, Spielerberater, Ex-Profi. Erfahrener Mann. Vöge bekam den Zuschlag, Ballack hatte nun einen Berater, ohne den es als junger Spieler nicht geht, wenn man sich den trickreichen Funktionären der Topklubs nicht ausliefern möchte. In der Regionalligasaison 96/97 schoss er zehn Tore, gehörte zum Mannschaftsrat, langsam war er zu groß für diese Liga. Es war klar, dass der Junge gehen würde. Aber wohin?

Es war keine einfache Entscheidung. In Chemnitz hatte ich meine Freunde, ich war zwar schon Profi, aber wohnte noch bei meinen Eltern. Wenn du woanders hingehst, deinen Freundeskreis aufgibst, deine Familie, dann ist das ein großer Schritt. Du musst dich fragen: Was bist du bereit zu riskieren? Du wolltest das immer machen, aber es muss natürlich passen. Wo könnte es am besten passen? Je mehr Auswahl man hat, ich war ja U21-Nationalspieler, desto schwieriger wird es. Das ganze Hin und Her ging so weit, dass ich an den Punkt kam, an dem ich mich fragte: Will ich diesen Schritt überhaupt gehen?

Ballack wird bald in die U21-Nationalmannschaft berufen, ärgert sich dort, dass ein anderer Kapitän wird

Ballack ging. Als er 1997 gen Kaiserslautern zog, mit 20, gaben sie in Chemnitz dem inzwischen ausgeschiedenen Dürrschmidt die Schuld, dass der Verein so wenig Geld erhalten sollte. „Aber sonst wäre er ein Jahr zuvor nicht geblieben", sagt Dürrschmidt. Von den 400 000 Mark allerdings, die ihm Kaiserslautern als Handgeld zahlte, leitete Ballack die Hälfte an den CFC weiter. Der stand kurz vor der Pleite.

Dürrschmidt schaut gedankenverloren über den Platz. Vor ein paar Wochen spielten die Bayern in Aue, gar nicht weit weg, DFB-Pokal, 1 : 0, Ballack. Dürrschmidt stellte sich nach dem Spiel in den Kabinengang, und da entdeckte ihn der Junge. „Batsch, hatte ich das nasse Trikot in der Hand." Er ist noch immer stolz auf Ballack. „Micha hatte das letzte Quäntchen, sich durchsetzen zu wollen. Aber ohne das übertrieben zu zeigen. Viele junge Leute haben die Möglichkeiten. Nur fehlt bei fast allen die letzte Stufe der Rakete. Die musst du selber zum Zünden bringen."

Regionalliga-Start 1996, Ballack ist 19 Jahre alt. Der CFC wird im Rennen um die Meisterschaft scheitern

INTERVIEW

„DU BIST DORT ALLEINE"

Er war das Idol des jungen Michael, der begnadete Regisseur des FC Karl-Marx-Stadt. Nach der Wende ging Rico Steinmann zum 1. FC Köln, doch in sechs Jahren schaffte er den Durchbruch nie. Warum scheiterte dieser Hochbegabte – und Ballack nicht?

Herr Steinmann, Sie galten als größtes Talent des DDR-Fußballs, als Sie in den Westen gingen, kam der Karriereknick. Woran lag es?

Das kann ich nicht so genau sagen. Vielleicht habe ich mich all die Jahre zu viel damit auseinander gesetzt, was nicht gelaufen ist, statt zu sagen: Jetzt lasse alles hinter dir, fang neu an. Als ich 1991 nach Köln kam, hatte ich schon viel erreicht, auch ein paar Länderspiele für die DDR gemacht. Aber auf einmal saß ich auf der Bank. Das kannte ich gar nicht. Und da hast du gleich sieben Fotografen vor dir, und am nächsten Tag die Geschichte: Fehleinkauf Steinmann. Ich habe mich die ganze Zeit gefragt: Wie kommst du da raus?

Fanden Sie keine Antwort?

Als ich geholt wurde, hatte Pierre Littbarski gerade einen Kreuzbandriss erlitten. Ich sollte auf seine Position hinter den Spitzen rücken, auf meine Lieblingsposition, aber einen Monat später hieß es, er kommt zurück. Und zusammen hat es nie richtig funktioniert. Er hatte eine Riesenaura. Für mich war das eine ganz neue Situation, das war kein CFC mehr, ich hatte keine Mitspieler mehr, die mir die Bälle zutragen. Littbarski war freundlich zu mir. Da wäre ein Dritter nie auf den Gedanken gekommen, der Weltmeister will den jungen Steinmann behindern. Aber er tat eben auch nichts, damit ich hochkomme.

Die harte Bundesliga-Konkurrenz – Sie hätten sich ins Team zwingen müssen.

Das konnte ich nicht. Ich hatte in Chemnitz gelernt: Nur die Mannschaft zählt. In Köln waren Typen, denen das Ergebnis scheißegal war, Hauptsache, sie zogen sich gut aus der Affäre. Das hatte ich noch nie erlebt. Da gab es Leute um mich herum, von denen habe ich kaum einen Ball bekommen. Ich bin damals oft nach Hause gefahren, nur für eine Nacht nach Chemnitz, Hauptsache, mal wieder unter Freunden sein.

Waren Sie zu naiv?

Glaube ich nicht. Zuerst hatte ich damals ein Angebot von Werder Bremen, und heute denke ich, das wäre das Beste gewesen, so familiär, wie das dort war. Ein Jahr später bin ich nach Köln, ganz ehrlich: wegen des Geldes. Ich hatte ein Jahr Zeit, mich auf den Westfußball vorzubereiten, telefonierte viel mit anderen DDR-Spielern. Der Tenor war: Du kannst alles beiseite schieben, was du weißt. Du bist dort alleine. Jeder aus dem Osten fühlte sich alleine. Und den Beratern konntest du nicht trauen.

Warum blieben Sie sechs Jahre?

In dieser Zeit habe ich sieben Trainer erlebt. Bei Jörg Berger hatte ich keine

...teinmann, 38, ...Chemnitz, wohin ...r nach seiner ...arriere zurück...ehrte. Für kurze ...eit war er mal ...portdirektor ...eim CFC. Aber ...ie jungen Spieler ...eben den Sport ...icht mehr, sagt er

Chance, da wollte ich weg, bei Morten Olsen spürte ich Urvertrauen, dann war der weg, und das Spiel ging von vorne los. Mal war ich unverkäuflich, mal Bankdrücker. So ging das immer hin und her. Und ich habe nie den Punkt gefunden: Jetzt reicht's!

Trainer Berger behauptete mal: Sie hätten nie gelernt, sich durchzusetzen.

Ich sehe das so: Ich hatte eher Probleme, mich ein- oder sogar unterzuordnen. Vielleicht wäre es damals richtiger gewesen. Aber so war ich schon zu DDR-Zeiten. Ich lief mit langen Haaren herum und mit Westplastiktüten, das durfte man ja eigentlich nicht.

Was hat Ballack, was Sie nicht hatten?

Michael ist ein Typ, der die Gabe hat, sich nicht zu viele Gedanken um Vergangenes zu machen. Er kann Lehren ziehen, was ich nicht gemacht habe. Und er denkt nach vorne. Ich hab immer zu viel nachgedacht, was war. Andere konnten das abhaken.

Was halten Sie von ihm?

Er ist ein fantastischer Fußballer, wenn auch ein anderer Spielertyp, als ich es war. Und ich freue mich, dass er nie den Bezug zu seiner Heimat verloren hat, was so viele tun. Wir haben uns vor Jahren mal in Leverkusen getroffen, wir lagen auf einer Wellenlänge. Seine lockere, aber klare Art hat mich beeindruckt. Wenn's hier nicht klappt, sagte er, gehe ich eben woanders hin. Ich will nicht sagen lax, aber er war doch schon abgebrüht.

Hatte er einfach das Glück, ein paar Jahre später dran zu sein?

Sagen wir so: Sicher wäre für mich manches anders gekommen, wenn ich nicht zu den Ersten gehört hätte, die in den Westen sind. Für Michael war es optimal, dass er noch die Schule des Ostens erlebt hat, aber schon im System des Westens. Er wusste, was läuft.

Woran sieht man heute, dass er in der DDR groß wurde?

Ganz einfach daran, dass er mit links und rechts schießen kann. Das war das Wichtigste in der Ausbildung. Das habe ich ja in Köln gesehen: Die meisten konnten auf ihrem schwachen Bein gerade mal stehen. Bei Ballack weißt du manchmal nicht, was sein starkes und was sein schwaches Bein ist. Das ist klassische DDR-Schule.

Bayern-Star Ballack beim Spaziergang am Starnberger See. In Lautern, Jahre zuvor, hatte er gelernt, sich bei den Profis durchzukämpfen

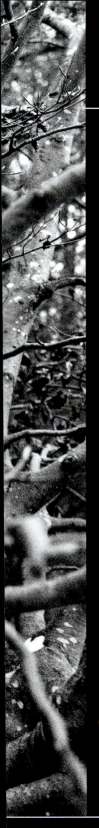

3

ZUR LEHRE BEI MEISTER OTTO

In Kaiserslautern erlebt Ballack ein neues Gefühl: Einsamkeit. Und beim FCK sitzt er oft nur auf der Bank. *Dann findet er Freunde – und die Frau seines Lebens. Trainer Rehhagel lässt ihn bald öfter aufs Feld,* er wird Nationalspieler. Doch am Ende ist er froh zu gehen

Wenn Ballack seine Chance bekommt, versucht er sie mit aller Macht zu nutzen, hier 1998 im Zweikampf mit Dortmunds Steffen Freund. Im Training langt der Neue ordentlich hin, ist bald wegen seiner Härte gefürchtet. Gut so, denkt sich der Mittelfeldspieler. Er brennt darauf, es dem strengen Trainer zu beweisen

KAISERSLAUTERN

Die Ersatzbank wird in der ersten Zeit beim FCK zu Ballacks Stammplatz

BEISSEN

Es ist eine berauschende Saison für den 1. FC Kaiserslautern

Ballack, so unerfahren wie ehrgeizig, bestreitet seine ersten Bundesligaspiele. Doch anfangs darf er

das Abenteuer nur von außen beobachten

Toni Vicino in der Küche des Isola Bella in Otterbach. Das Ristorante des Italieners und dessen Frau Maria war der Treffpunkt der Lauterer Fußballprofis – und Ballacks zweites Zuhause. Es gab kaum einen Tag, an dem er nicht bei Toni vorbeischaute

ALLEIN IN DER PFALZ

MAN KANN NICHT SAGEN, DASS DIESES STOLZE RIESENNEST EINEN Neuankömmling wie Ballack mit Reizen überflutete. Aber nun war er hier angekommen, Sommer 1997. Zum ersten Mal weggezogen von zu Hause. Es hatte ihn einmal quer durch die Republik verschlagen, von Ost nach **West, von der 3. in die 1. Liga. Nun war er in Kaiserslautern: knapp über 100 000 Einwohner, zu klein für eine Großstadt, zu groß für eine Kleinstadt. Die US-**Armee war der größte Arbeitgeber, das Café am Markt in der Fußgängerzone der einzig schicke Laden. Und sonst? Fußball. Nur Fußball. Über der Stadt thronte diese mächtige Burg auf dem Betzenberg, das Stadion des 1. FC Kaiserslautern. Und es gab den Geheimtreff der Profis, das „Isola Bella", das Ristorante von Toni an der B270 in Otterbach, einer Gemeinde kurz vor Lautern.

Es sieht noch immer aus wie damals im Isola Bella, vorn die bürgerliche Stube mit der robusten Theke, hinten, im Nebenraum, wird es feiner, an den Wänden lagern edle Weine. Toni Vicino, 53, hat sein Restaurant mittlerweile verpachtet, er kocht jetzt in einem Hotel. Wie er sein angegrautes Haar zum Seitenscheitel gekämmt hat, sieht er tatsächlich aus wie Fritz Walter, der größte Held der Pfalz. Fritz Walter war auch mal Gast bei Toni. Alle waren sie das, Seeler, Völler, Zamorano, Djorkaeff, Weltmeister und Weltstars, und alle nannten ihn Toni. Manchmal ergibt es sich, dass sich die Großen in einem Dorf am unwahrscheinlichsten Fleck am geborgensten fühlen.

Maria und Toni wurden Ballacks Ersatzeltern in Otterbach. „Michael gehörte zur Familie", sagen sie

Toni sagt dazu nur: „Auch ein Fußballspieler will seine Ruhe. Außerhalb des Stadions ist er ein Mensch wie jeder andere."

An seiner Seite sitzen Maria und Giuseppe, seine Frau und sein Sohn, sie haben es sich am runden Tisch in der Ecke gemütlich gemacht, Tisch 2, Ballacks Stammplatz. 1995 eröffnete Toni sein Ristorante. Irgendwann schaute mal Andreas Brehme vorbei, der aus Spanien zurückgekehrt war. Bald brachte er Kollegen mit, und auch sie liebten diesen versteckten Ort. Kein Spielerposter, kein Wimpel, keine Autogrammkarte hing in der Gaststube. Nur ein Bild von Toni, wie er eine große Paella kocht – und ein Foto von Juventus Turin, „meinem Juve".

„Ja, die Fußballer, das war unser Leben", sagt Toni. „Aber keiner war wie Michael." Maria nickt. „Nein, keiner war wie Michael."

Es gibt Menschen, bei denen ist es schwer, jemanden zu finden, der Schlechtes über sie sagt. Das muss nicht unbedingt heißen, dass es nichts Schlechtes zu sagen

KAISERSLAUTERN

gäbe. Es kann auch heißen, dass sie sehr vorsichtig sind bei der Wahl ihrer Freunde. Dass sie niemanden an sich heranlassen, dem sie nicht vollends vertrauen können. Michael Ballack ist ein solcher Mensch.

Wer die Vicinos nach Ballack fragt, spürt, am liebsten würden sie eine leidenschaftliche Arie singen. Aber sie reden nicht oft mit Journalisten, sie wiegen jedes Wort ab, es soll um Gottes willen kein negatives Bild von ihrem Michael entstehen.

Kurz nach Saisonbeginn, Sommer 1997, meldete sich Brehme bei Toni. „Ich schick dir heute einen vorbei. Der ist frisch beim FCK. Michael Ballack heißt der." Bald darauf erschien der Neue auch schon. „Er kam bei uns rein, ein schöner Junge mit schwarzem lockigem Haar, und ich dachte: Wunderbar, der FCK bekommt einen Pete Sampras", sagt Toni, und Maria strahlt.

Der Verein hatte Ballack eine Wohnung in Otterbach besorgt, gleich um die Ecke, in einem weiß verputzten Mehrfamilienhaus in einer kleinen Seitenstraße am Ortsausgang. Seine Wohnung lag ganz oben unterm Dach. Karin Ballack nahm sich der Details an. „Die Mama hat ihm die Wohnung eingerichtet", sagt Maria, und man hört, so was gefällt ihr, die Vicinos haben selbst zwei Kinder. Jedenfalls waren schon bald zwei der drei Zimmer voller Möbel. Immerhin. Karins Sohn reichte das.

Ballack, 20, zum ersten Mal in einem Bundesligatrikot, vor dem Saisonstart 1997/98 beim 1. FC Kaiserslautern

Was heißt, meine Mutter hat mir die Wohnung eingerichtet? Sie hat mich beraten, und ich hab das gerne angenommen, sagen wir mal so. In dem Alter schaust du nur: Sind Couch und Fernseher da? Das ist die Hauptsache. Meine Eltern halfen mir, wir suchten die Möbel aus, bauten gemeinsam die Schränke auf. Und nun hatte ich meine erste eigene Bude. Natürlich war ich zum ersten Mal auf mich alleine gestellt. Es begann eine schwierige Zeit.

„Ein Mensch wie Michael", sagt Toni, „der spürt sofort, wenn Papa und Mama nicht da sind. Er ist una persona cordiale, wie sagt man?" – „Herzlich, bescheiden", sagt Maria. „Ja, herzlich", sagt Toni.

Ballack kam am Mittag, und er kam abends, und wenn er einmal nach dem Training nicht auftauchte, dann sorgten sich Maria und Toni: Wo ist Michael, hat er sich verletzt? „Es gab nie einen Tag", sagt Toni, „an dem ich Michael Ballack nicht gesehen habe, zwei Jahre lang. Wir lebten zusammen, er war wie unser zweiter Sohn. Nur geschlafen hat er zu Hause."

Die Abende, die ich alleine in meiner Bude saß, kann ich an einer Hand abzählen. Toni und Maria waren wie eine zweite Familie für mich, wir hatten immer einen Riesenspaß. Wenn du alleine in einer neuen Stadt bist, fällt dir abends schnell mal die Decke auf den Kopf. Dabei ist Kaiserslautern ja überschaubar, man findet sich schnell zurecht. Trotzdem fühlte ich mich am Anfang ziemlich einsam. Immer wenn ich nicht wusste, was ich machen soll, bin ich zu Toni gegangen, hab was gegessen und gewartet, bis er in der Küche fertig war. Dann sind wir in die

Stadt und haben was getrunken. Oder wir sind bei ihm sitzen geblieben. Manch-
mal, wenn ich am nächsten Tag frei hatte, saßen wir bis vier Uhr nachts, futterten
Spaghetti ‚aglio e olio‘, und haben rumgequatscht.

Die Leute in Otterbach tuschelten, Toni würde die Stars mit kostenlosem Essen locken. Weil Fußballprofis als Gäste gute Werbung sind. „Aber bei mir haben immer alle bezahlt!", sagt Toni. „Wissen Sie, was Michael einmal gesagt hat? Geld macht die Freundschaft kaputt. Eine persona cordiale!" Toni blickt streng. „Michael Ballack ist ein Mensch, der nicht benutzt, aber sich auch nicht benutzen lassen will."

Ballack erzählte gern, dass er davon träume, eines Tages beim FC Barcelona zu spielen, er erzählte von seiner Familie in Chemnitz, von seinen Freunden, vom Groß-vater, der mal bei der Eisenbahn war. „Mein Vater ist mein bester Freund", sagte Ballack. Solche Sätze mochten die Vicinos.

Am liebsten saß Ballack in diesem geheimen Raum hinter der Theke, eine Eck-bank aus Holz stand da, oben in der Ecke hing der Fernseher, wie man es aus Kreis-ligavereinsheimen kennt. Hier konnten die Profis in Ruhe Fußball schauen, manch-mal wurden sogar Verträge unterzeichnet, wie der von Miroslav Klose. Wie wertvoll Ruhe war, lernte Ballack schnell, in dieser sonderbar fußballfixierten Stadt, in der selbst ein Neueinkauf aus der Regionalliga eine kleine Berühmtheit wurde.

Ich machte erste Erfahrungen, wie es ist, in der Öffentlichkeit zu stehen. Du
musst aufpassen, was du tust, wo du hingehst. Als Allererstes lernte ich: Schwimm-
bad ist tabu. Ich ging einmal mit Thomas Riedl ins Freibad. Da war ich gar nicht
richtig Stammspieler, aber Riedl war Lauterer und bekannter. Wir lagen also auf
der Wiese auf unseren Tüchern, und auf einmal kamen ein paar kleine Jungs. Sie
standen um uns herum, einfach so, guckten nur. Nach fünf Minuten sagten wir
ihnen: „Jungs, jetzt ist gut." Da hauten sie ab. Aber nur, um ihre anderen Kumpels
zu holen, und dann standen noch mehr um uns herum. Wir haben nach zehn
Minuten unsere Sachen gepackt und sind gegangen. Das war neu für mich.

Ein Jahr vor Ballacks Wechsel war der FCK in die 2. Liga abgestiegen, damals stachen ein paar wütende Anhänger den Spielern die Autoreifen kaputt, schlitzten deren Cabriodächer auf – wenn es schlecht läuft, ist es hier die Hölle, sagen ehema-lige Spieler, da hast du bei Heimspielen mehr Druck als auswärts. Aber wenn du siegst, tragen dich die Pfälzer auf Händen. Anschließend war der FCK direkt wieder aufgestiegen, noch wusste keiner, was diesmal für eine Saison bevorstehen würde.

Ich hatte keine Ahnung, was mich erwartet. Ich kannte nur den CFC und
hatte in der U21-Nationalmannschaft ein paar Geschichten aus der Bundesliga
gehört. Das war alles. Immerhin durfte ich gleich beim ersten Saisonspiel auf die
Bank. Das hatte ich Ändy Brehme zu verdanken. Unser Trainer Otto Rehhagel
nahm damals immer mehr Spieler mit, als er am Spieltag in den Kader nehmen
konnte. Für den Fall, dass sich einer verletzte. Die Überzähligen mussten auf der

KAISERSLAUTERN

Olaf Marschall, heute Team-Manager des FCK, war früher Stürmer. Ballack hatte die Hartnäckigkeit, die anderen fehlte, sagt er

MEISTER!

Wenn du siegst, sagen ehemalige Spieler, tragen sie dich *in der Pfalz auf Händen. In Ballacks erster Saison gewinnt der FCK* als Aufsteiger die Meisterschaft

Der Betzenberg tobt, und draußen feiert die ganze Stadt

KAISERSLAUTERN

Tribüne zuschauen. Brehme hätte auf der Bank sitzen sollen. Aber er rief vorher den Trainer an und sagte: „Lassen Sie mich auf der Tribüne, und setzen Sie den Ballack auf die Bank! Der hat sich das verdient." Vielleicht war ihm das auch lieber, als Spieler mit seinem Renommee. Aber für mich war das eine Riesengeste. Und so saß ich zum ersten Mal in einem Bundesligaspiel auf der Bank. Ausgerechnet bei den Bayern. Mann, war ich stolz.

Ballack zeigte noch keine Unruhe, noch nicht. Das war kein Rebell, merkten sie in Lautern. Er wirkte anfangs eher schüchtern, dazu artig und wohlerzogen. Einmal war er im Isola Bella, an einem Tisch saß ein älterer Herr, weißes Haar, kantiges Kinn. „Michael, das ist Ottmar Walter, der Weltmeister", sagte Toni. Ballack ging sofort hinüber und stellte sich vor: „Guten Tag, Herr Walter. Ich bin Michael Ballack."

Ballack tastete sich zunächst vor, wie er es immer tat und immer tun würde, wenn er in eine neue Umgebung kam. Ja nicht anecken. Als ihn Olaf Marschall zu sich nach Hause zum Essen einlud, sprach Ballack die Frau seines Teamkollegen mit „Sie" an. Marschalls Frau, damals Anfang 30, war erstaunt, das hatte sie noch nie erlebt bei einem Fußballer! Irgendwie fanden die Marschalls das sympathisch.

Doch auf dem Platz musste der Junge lernen, dass ihm nicht mehr alle Türen offen standen. In Chemnitz war er hofiert worden. Nun musste er sich in der Schlange anstellen. Das Mittelfeld des FCK war hervorragend besetzt, mit Ratinho, Sforza, Buck und Wagner. Erfahrene Spieler. Und der Trainer, der hieß Otto Rehhagel.

„Ja, der Otto", sagt Olaf Marschall. Vor ihm auf dem Tisch schwimmt eine Currywurst in Ketchup und gelbem Pulver, Mittagspause in der FCK-Kantine auf dem Parkplatz vor dem Stadion. Marschall, Team-Manager des FCK, ist ein nahbarer Typ, er hat eine freundliche, unprätentiöse Art. „Zu den jungen Spielern sagte Otto immer: Ihr müsst erst mal auf die Weide", sagt Marschall, „kleinhalten, damit sie langsam wachsen. So sieht das Otto." Man kann vieles behaupten über Rehhagel, etwa, dass er arrogant und besserwisserisch ist und sich nur mit unterwürfigen Journalisten unterhält, aber einen guten Fußballer erkennt er sofort.

„Der Erfolg gibt ihm Recht. Mit wem gewann er denn die EM? Mit lauter alten Hasen aus Griechenland", sagt Marschall. Hinter ihm an der Wand hängen die Bilder früherer FCK-Teams aus den 80ern, andere Zeiten, bessere Zeiten. „Heutzutage ist man froh, wenn man einen Trainer hat, der einen jungen Überflieger auf den Boden runterholen kann. Manche kommen zu ihren neuen Vereinen und fragen: Wo steht mein Porsche? Wenn sie dann einen Rückschlag erleiden, verstehen sie die Welt nicht mehr. Weil sie die Welt noch gar nicht erlebt haben. Und dann beißen? Geduld haben? Nee." Marschall schmunzelt. „Aber Michael war ein anderer Typ." Er überlegt kurz. „Vielleicht lag es an seiner Ostausbildung. Ich war ja auch in der KJS in Dresden. Man wird dort ein bisschen straffer erzogen. Deshalb bist du auch nicht so erschlagen, wenn du Gegenwind bekommst."

Ballack spielte anfangs zumeist nur für das Reserveteam in der Regionalliga. Die Profis des FCK hatten beim FC Bayern sensationell gewonnen, danach stürmten sie an die Tabellenspitze der Bundesliga und richteten sich dort ein. Als Aufsteiger. Die Pfalz tobte. Aber Ballack musste das Abenteuer meist von außen verfolgen.

Irgendwann habe ich mich gefragt, ob ich nicht besser zurück nach Chemnitz sollte. Du schleppst diese Unzufriedenheit ständig mit dir rum. Auch wenn du sie nicht zeigst. Es nervt dich einfach. Und auf einmal stellst du deine Zukunft infrage. Vielleicht war ich schon hier an meine Grenzen gestoßen? Meine Eltern kamen, sooft es ging. Und ich fuhr, sooft es ging, nach Hause. Jedes zweite Wochenende bestimmt. Ich heizte über die Autobahn, und in vier Stunden war ich da, für einen Tag bei der Familie, im vertrauten Umfeld. In Lautern telefonierte ich fast täglich mit meinen Eltern. Mein Vater redete mir immer wieder gut zu: Halte durch! Ein halbes Jahr ging das so. Das ist eine verdammt lange Zeit, wenn es deine erste Etappe ist.

Wenn Ballack Sorgen hatte, sprach er mit seinem Vater. Vor anderen ließ er sich nichts anmerken. Selbst vor Toni und Maria nicht. „Ich habe Michael nie nervös oder traurig gesehen, vielleicht war er es innerlich, aber er hat es nie gezeigt", sagt Toni. Er blickt zu Maria. „Ich glaube, er sah das so: Das ist ein Problem mit der Arbeit", sagt sie, „damit kann ich Toni und Maria nicht belasten. Er konnte das: raus aus dem Stadion und finito."

Es ging langsam voran. Im September hatte er in Karlsruhe das erste Mal aufs Feld dürfen, für vier Minuten, jetzt saß er regelmäßig bei den Profis auf der Bank, wurde immer öfter eingewechselt, er begann sich wohlzufühlen in Kaiserslautern. Zumal es noch andere Dinge im Leben gibt als Fußball.

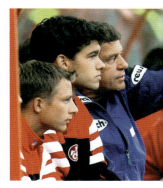

Trainer Otto Rehhagel (r.) will Ballack formen – und dazu gehört es, den Burschen auf die Bank zu setzen

Eines Tages kam Ballack aufgeregt ins Isola Bella. Er habe ein Mädchen kennen gelernt, erzählte er Toni, mit der habe er sich verabredet, die Simone, vom Café am Markt. Toni und Maria kannten Simone Lambe schon, sie arbeitete tagsüber als PTA in einer Apotheke und abends im Café und hatte auch schon ein paarmal im Isola Bella gegessen. „Das war ein süßes Mädchen", sagt Toni. „Als ich ihn gesehen hab, war mir klar: Mit Simone war ab jetzt amore." – „Das war amore auf den ersten Blick. Sie ist ja eine so schöne Frau", sagt Maria.

„Amore" – damit kannte sich auch Otto Rehhagel aus. Er nahm eines Tages den jungen Ballack zur Seite, um ihm einen Tipp zu geben.

Otto Rehhagel fand es wichtig, dass seine Spieler ein geregeltes Umfeld hatten, am besten mit Frau und Familie. Das war zwar nicht so, dass er sagte: Du, such dir jetzt mal eine Frau. Aber man merkte es schon. Irgendwann kam der Trainer zu mir und sagte: „Michael, haben Sie eigentlich schon eine feste Freundin? Ich hätte da jemanden für Sie. Die würde zu Ihnen passen. Eine nette junge Dame." Ich sagte: „Ach so, wer denn?" – „Sie arbeitet im Café am Markt. Simone heißt

KAISERSLAUTERN

die." Das war natürlich ein super Hinweis. Da war ich ja schon mit Simone zusammen. Allerdings brauchte auch das seine Zeit. Ich war hin und weg, sie sah ja klasse aus. Ich habe mich sofort verknallt. Bei ihr war ich mir damals nicht so sicher. Sie war keine, die einem sofort ohnmächtig in die Arme fiel, nur weil man FCK-Spieler war. Sie ließ mich erst mal zappeln. Da musst du dir mal ein bisschen mehr Mühe geben, dachte ich mir.

Dieses Match gewann Ballack. Und folgt man Simones Version, lag es auch an seinem Bettzeug. Jedenfalls zieht sie ihn noch heute damit auf, dass sie letztlich die geschmackvolle geblümte Bettwäsche überzeugte, die er aus Chemnitz mitgebracht hatte. Simone entdeckte die Schmuckstücke, als er sie zum ersten Mal in seine Wohnung bat, und dachte sich: „Na, bei dem musst du dir keine Sorgen machen." Nun war Ballack endgültig in Lautern zu Hause. Die Reisen nach Chemnitz wurden seltener.

Das Café am Markt ist heute eine Brauereigaststätte. Früher war es bei den Fußballern der angesagteste Laden

Es lief für den FCK in jenen Monaten wie im Rausch, und Ballack fühlte sich plötzlich mittendrin. Am 28. März 1998 spielte er das erste Mal von Anfang an auf dem Betzenberg, gegen Leverkusen, Ballack brillierte nicht gerade, Lautern verlor zu Hause 0:3, ein Rückschlag im Titelrennen, aber immerhin: Nun schien ihn Rehhagel auf dem Zettel zu haben. Am vorletzten Spieltag empfing Kaiserslautern den VfL Wolfsburg. Ballack durfte von Beginn an ran, im defensiven Mittelfeld, sein 15. Einsatz in der Saison, sie gewannen 4:0. Der Aufsteiger war tatsächlich Meister.

Man feiert hier anders als in München, wo sich die Bayern routiniert die nobelste Disco anmieten, und vor der Tür stehen Security-Männer. In Kaiserslautern tanzte die ganze Stadt. Die Mannschaft ging erst in eine Pizzeria, dann natürlich ins Café am Markt, unterwegs lagen sich Spieler und Volk in den Armen, Lautern ist ein schöner Ort, wenn es rund läuft. Und irgendwann landete die halbe Truppe im Isola Bella.

Toni stand in der Küche, das Ristorante war gerammelt voll. Ratinho, der Brasilianer, stürmte hinein, eine Flasche Champagner in der Hand, und umarmte den Wirt. Einer nach dem andern tauchte auf, schließlich auch Ballack. Er strahlte und sagte nur: „Toni, ich bin Meister."

Ich fühlte mich auch so: als Meister. In der Rückrunde war ich endlich Teil des Teams geworden. Und dann ist für einen jungen Spieler so eine Saison, so eine Mannschaft ein Traum. Du wirst reingeworfen und mitgerissen, die Nebenleute fühlen sich stark, alles geht wie von selbst. Bei einem Abstiegskandidaten würdest du als Talent auf der Tribüne sitzen, und alle würden denken: Nicht mal bei denen darf der aufs Feld. So aber war ich beim Deutschen Meister, und ich kam in der Rückrunde auch regelmäßig zum Einsatz. Das war für mich eine echte Bühne, auf der ich zeigen durfte, dass ich was kann.

Simone Lambe, 30, ist seit acht Jahren die Lebensgefährtin von Michael Ballack. Er lernte sie in Lautern im Café am Markt kennen. Damals ließ sie ihn erst mal zappeln

Der FCK ist Deutscher Meister 1998: Ballack jubelt mit Rehhagel (o.), stemmt die Schale, feiert Arm in Arm mit Ciriaco Sforza

KAISERSLAUTERN

Auch Bundestrainer Berti Vogts hatte zugesehen. Im September 98 lud er Ballack und dessen FCK-Kollegen Marco Reich zur Maltareise der Nationalelf ein, auf eine sonderbare Expedition. Zwei vielversprechende Talente, die für einen Neuanfang zu stehen hatten, nach dem peinlichen WM-Aus in Frankreich. Das Wetter war schön, Strand und Stadt lagen gleich neben dem Hotel, Basler und Effenberg, die Brüder im Geist, gaben ihr Comeback, und als Sparringspartner warteten die sagenhaften Gegner Malta und Rumänien. Kurzum: kein Trip, mit dem sich Vogts hätte rehabilitieren können. Die Deutschen würgten sich gegen Malta zum 2:1 und kickten gegen Rumänien 1:1. Zwei Tage später gab Vogts auf. Aber Ballack, ohne Einsatz, durfte sich nun Mitglied der Nationalmannschaft nennen.

Stolz kehrte er zurück nach Lautern. Toni und Maria brachte er eine Autogrammkarte mit. Michael Ballack im deutschen Trikot, unterschrieben: „Für Toni und Maria". Dann hatte ihn der FCK-Alltag wieder. Und auch Otto Rehhagel.

Ich war im Nationalteam, das machte Mut. Aber ich ahnte: Vogts hatte mir keinen Gefallen getan. Nun waren die Ansprüche an mich größer. Dann saß ich in Kaiserslautern in der Kabine. Und Otto Rehhagel sagte nur: „Das ist zu früh für Sie. Sie durften nur mitreisen, weil die anderen so schlecht waren." Ich glaube nicht, dass er mich persönlich auf dem Kieker hatte. Es war halt seine Philosophie, wie er mit jungen Spielern umging. Aber das waren trotzdem harte Worte.

Mit Teamkollege Marco Reich (r.) wird Ballack 1999 von Bundestrainer Erich Ribbeck zur Reise der Nationalelf nach Florida eingeladen

Jetzt, in seiner zweiten Saison, brannte Ballack darauf, sich zu entfalten, den Stammplatz zu ergattern. Aber Rehhagel wollte den Überflieger auf die Erde zurückholen. Champions League: Bank. Bundesliga: auch Bank. Ballack wurde ungeduldig. Seine Mitspieler bekamen es zu spüren. „Als junger Profi gibt es ja nur diese Chance: im Training mal einen Älteren wegputzen. Um dem Trainer zu zeigen: Ich bin auch noch da. Und das tat Michael", sagt Olaf Marschall. „In den Zweikämpfen war er nun eckig und kantig. Da tatst du dir auch mal weh an ihm."

Im Kantinenraum ist es laut geworden. Von nebenan schallt das Gelächter der Arbeiter, das Fritz-Walter-Stadion ist im Januar 2006 noch eine Baustelle. Jahrelang, es begann nach Ballacks Zeit, war der FCK in einem Kreislauf aus Skandalen, Schulden und Intrigen gefangen gewesen, im Zuge der folgenden Sanierung konnte man sich immer weniger gute Spieler leisten. In dieser Saison kämpft man wieder gegen den Abstieg. Ballack, der damals oft auf der Bank hockte, verdient heute so viel wie das halbe FCK-Team zusammen. Marschall lächelt. „Wir hätten ihn damals halten müssen. Der Micha wollte klipp und klar spielen, das war zu merken. Und wenn er mal einen Anpfiff bekam, wurde er noch aggressiver."

Eineinhalb Jahre war Ballack mittlerweile in der Pfalz. Als echter Stammspieler durfte er sich nach der Vorrunde noch immer nicht fühlen, obwohl ihm die Fußball-

KAISERSLAUTERN

Gazetten prächtige Noten gaben. Der Trainer wollte diesen Jüngling erziehen. Rehhagel hatte immer seine besonderen Schützlinge, Riedle und Völler in Bremen, doch in der Pfalz war es nicht Ballack, sondern eben Marco Reich, der andere Malta-Reisende. Ein junger Stürmer, Lauterer Bub, das Stadion jubelte, wenn er auch nur aufs Tor schoss, heute spielt er in der englischen 2. Liga, nachdem er in der Bundesliga gescheitert ist. „Das ist schade", sagt Marschall, „dass der Marco es nicht richtig geschafft hat. Er war damals der Held für die Fans. Vielleicht war das auch das Problem, er fühlte sich sicher, er unterschrieb einen Sechsjahresvertrag und entwickelte sich nicht mehr." Ballack wollte nicht gefeiert werden, er wollte vorankommen, besser werden. „Das war Michas Stärke: Er war zwar keiner, der auf den Putz haute, aber er war hartnäckig."

Auch Rehhagel sah: Der Kerl hatte Zukunft. Und so drängten die Lauterer Ballack im Winter 98/99 dazu, einen neuen Vertrag zu unterzeichnen, vier Jahre dranzuhängen, bis 2004. Aber warum sollte ich?, fragte sich Ballack. In diesem Klub, unter diesem Trainer, der ihn kleinhielt?

Rehhagel wechselt Ballack 1998 im Champions-League-Spiel gegen Eindhoven aus – eine weitere Lehrstunde für den jungen Profi

Ich hatte einen Dreijahresvertrag. Aber nach der halben Zeit sollte ich den schon verlängern. Da wurde ich nachdenklich. Es lief ja sportlich für mich nicht so, wie ich es mir gewünscht hätte: Ich hatte nicht das Gefühl, wirklich anerkannt zu sein. Also sagte ich: „Ich will erst mal abwarten, wie sich das entwickelt." Ich unterschrieb also nicht. Und damit fing der Ärger an. Otto Rehhagel sprach vier Wochen lang kein Wort mit mir. Und dann durfte ich gar nicht mehr mitspielen. Mein damaliger Berater, Wolfgang Vöge, kam immer wieder zu mir und sagte: „Unterschreib doch. Du kriegst doch auch mehr Geld." So ging das weiter. Nach den vier Wochen sagte Otto Rehhagel dann in einem Interview, wenn der Spieler nicht verlängert, verkaufen wir ihn halt. Da habe ich gedacht: Okay, dann verkauft mich halt. So was macht man nicht. So geht man nicht mit einem jungen Spieler um.

Doch Rehhagel sah das anders. Der Bursche widersetzte sich. Dieser Ballack konnte einen ohnehin wahnsinnig machen. Nachdem er in Berlin überragend gespielt hatte, März 99, sagte er zu Reportern, dass er sich „mit Sicherheit" vorstellen könne, auch in der Nationalelf so zu glänzen. Es war eine selten anzutreffende Selbstverständlichkeit, mit der sich Ballack Großes zutraute. Im Nachhinein: eine realistische Selbsteinschätzung. Aber seinerzeit wirkte sie auf manche arrogant. Und nun flirtete er auch noch mit anderen Vereinen, wie in den Zeitungen zu lesen war. Rehhagel würde Ballack die Flausen schon austreiben.

Ballack aber wollte weg. Wolfgang Vöge, der ihn nach Lautern gelotst hatte, riet ihm ab. Was sollte er auch sagen? Er war Otto Rehhagel und dessen Frau Beate privat eng verbunden, heute ist er nicht mehr allzu scharf darauf, über Ballack zu sprechen. Der fragte sich damals: Auf wessen Seite steht Vöge eigentlich?

Es war schwierig. Ich hatte das Gefühl, mein damaliger Berater, der ein langjähriger Freund von Rehhagel war, konnte nicht mehr unterscheiden zwischen Rehhagels Interessen und meinen Interessen. Da stand ich da, mit 22 Jahren. Mein zweites Jahr weg aus Chemnitz. Der Trainer war sauer. Ich war auch sauer. Das war keine schöne Situation.

Von der Floridareise der Nationalelf im Februar 1999 war Ballack wie verwandelt zurückgekommen. Er hatte vor, den Agenten zu wechseln: Michael Becker, Berater und Freund Marschalls, würde ihn bald vertreten. Es war zu spüren, dass etwas in der Luft lag. Man konnte es an den Gästen im Isola Bella erkennen. Eines Tages saßen da die Leverkusener Strategen Reiner Calmund und Rudi Völler mit Ballacks neuem Berater. Sie riefen den Hausherrn an den Tisch: „Sag mal, Toni, wohin will der Michael denn nun gehen?" Toni sagte nur: „Chelsea war da. Manchester United war da. Und Juventus Turin. Aber ich weiß nicht, für wen er sich entscheidet."

Das war ein guter Auftritt damals, Toni lacht. „Wir haben nie geredet über diese Sache. Ich bin ein Koch, ich habe mit Fußball nichts zu tun. Ich war als Freund für ihn da, nicht als Manager", sagt er. Toni stammt aus Sizilien, aber gearbeitet hat er auch in Frankreich, England und der Schweiz. Auf seinem Weg hat er einen Schatz an schönen Weisheiten gesammelt. Er sagt: „Ein Talent ist wie ein Vogel, den kann man nicht in einem Käfig einsperren. Er muss frei sein." Es war ihm klar, dass der Junge den FCK verlassen würde. So gingen die Gerüchte im Frühjahr 1999: Es zog Ballack zum FC Bayern. Oder doch nach Leverkusen? Jedenfalls in diesem Sommer schon.

Party im Isola Bella: Simone, Michael, Toni und Maria. Die Mütze haben FCK-Spieler dem Koch von einem Uefa-Cup-Match in Glasgow mitgebracht

Rehhagel verzieh es ihm nicht. Gegen Freiburg stauchte er Ballack in der Pause vor der Mannschaft zusammen, weil der ein Gegentor verschuldet hatte, aufs Feld durfte er nicht mehr. „Ich rufe Ribbeck an, du Blinder, dass er dich auch aus der Nationalmannschaft nimmt", soll der Trainer gesagt haben. Ballack flüchtete sofort aus dem Stadion. Aber wenig später feierte er sein Debüt in der Nationalelf. Bremen, 28. April 1999, gegen Schottland, 0:1, er fiel kaum auf. Bei Ballack ist es selten, dass ihm ein Einstand so richtig gelingt. Es braucht stets seine Zeit, bis er sich zeigt.

Im Juli verließen Michael und Simone Kaiserslautern. „Das war komisch, als er weg war, ein Stück von uns hat gefehlt", sagt Toni. „Er war immer da. Immer. Ich war traurig." Und Michael, war er traurig? „Ich weiß es nicht", sagt Toni. „Ich glaube schon", sagt Maria. „Er ist nur kein Mensch, der das zeigt. Außerdem wusste er ja, es war die richtige Entscheidung." Und dann schiebt ihr Mann eine seiner Redewendungen nach, sie stammt aus Frankreich: „Jeder Mensch trägt seinen Sack voll Träumen mit sich. Es ist seine Pflicht, sie zu verwirklichen."

PORTRÄT

DER SCHATTENMANN

Er verhandelt für seinen Klienten, schützt ihn vor Kritik und
macht die Politik im Hintergrund. Seit sieben Jahren
berät Michael Becker den Profi Michael Ballack. Ein Porträt
des Managers, Pressesprechers – und Strategen

DER AGENT HAT SEIN BÜRO in der Rue des Arquebusiers, Luxemburg, mitten in einem Wohnviertel. Vor der Tür ein Che-Guevara-Fußabstreifer, auf dem Boden Stäbchenparkett, an der Wand Trikots seiner Klienten, der Herren Nationalspieler Schneider, Klose, Neuville, Brdaric – und Ballack, versteht sich.

Michael Becker begreift das Beraten als Rund-um-die-Uhr-Geschäft. Ein Gespräch mit ihm ist selten kurz, er nimmt kein Blatt vor den Mund, und er kann es sich leisten. „Man muss gut sein, dann muss man sich nicht verstellen", sagt Becker. „Das ist aber in jedem Job so." Man sieht den 52-Jährigen meist mit Kapuzensweater und Jeans, egal, zu welchem Termin, ein Inspektor Columbo der Szene. Und wenn er doch mal zu einer Gala muss, schlüpft er ins „Clownskostüm", so nennt er seinen Anzug.

Nach dem Bosman-Urteil 1995 witterte er seine Chance. Der Jurist hatte seine Doktorarbeit über „Verfassungsrechtliche Probleme von Berufssportlern in der Bundesrepublik Deutschland – dargestellt am Beispiel der Lizenzspieler in der Bundesliga" geschrieben, 1981 war das, danach arbeitete er beim Europäischen Rechnungshof, und er erkannte früh, dass sich die Fußballbranche

wandelt, Spieler mehr Rechte bekommen, dafür einen paragrafenharten Mittler brauchen. Dass nicht mehr nur Ablösen für Klubs im Spiel sind, sondern Handgelder für die Kicker – und üppige Honorare für ihre Berater. Zahlbar vom aufnehmenden Verein, meist 10 bis 15 Prozent des Jahresgehalts des Spielers.

Becker, ein echter Lauterer, war schon Agent von Olaf Marschall. Richtig ins Geschäft kam er, als Ballack 1999 vom FCK zur Vertragsverlängerung gedrängt wurde. „Michael hat mir damals die richtige Frage gestellt: ‚Warum soll ich das tun? Da gibt's doch gar keinen Grund.' Da hat er auf den Punkt erkannt, vielleicht noch intuitiv, dass Spieler plötzlich am längeren Hebel sitzen", sagt Becker. Ballack war sein Glücksgriff: Hast du einen Großen, bekommst du andere, so läuft das.

BECKER HAT BEI DER EU gelernt, wie Lobbyisten, Strippenzieher, Diplomaten arbeiten. Einen Fußballprofi zu betreuen ist längst ein vielfältiges Geschäft, und die geringste Qualifikation besteht noch darin, einen guten Linksfuß zu erkennen. Wenn Ballack öffentlich angegriffen wird, ruft Becker auch mal Journalisten

...r durchschaut das
...eschäft, und selbst
...ie Bayern sagen:
...r arbeitet absolut
...orrekt. Michael
...ecker, 52, Ballacks
...gent, gehört zu
...en großen Strippen-
...iehern im
...eutschen Fußball

an und weist auf widersprüchliche Äußerungen der Kritiker hin. „Man kann sie mit ihren Aussagen konfrontieren. Damit wird meist nicht gerechnet." Es ist Anwaltsarbeit: Beweisketten bauen, im rechten Moment eine Prise Polemik.

„Michael Ballack ist ein Ersatzspieler, der noch viel lernen muss, und zwar in jeglicher Beziehung", diesen beleidigten Satz Otto Rehhagels aus dem Frühjahr 1999 zitiert Becker noch heute gern. Das Talent ziehen lassen zu müssen war eine Demütigung für den Altmeister. Ein Sieg gegen das Establishment. Becker umweht bis heute etwas Rebellisches. Als er noch bei der EU war, trug er das Haar lang, obwohl er dafür schief angesehen wurde. Oder genau zu diesem Zweck. Er liebt den Kampf, schwärmt von Scharmützeln, die er mit Vereinen oder Reportern ausficht. Viele Spieler würde er nie unter Vertrag nehmen: weil sie nicht lernfähig seien. „Jeder Spieler hat den Berater, den er verdient", ist Beckers Slogan. Ballack lerne schnell. „Es wird die Zeit kommen, in der ich überflüssig bin", sagt Becker. „Der hat das Geschäft komplett durchschaut. Ein Ballack muss nicht geführt werden." Und er schätzt dessen Konsequenz: „Da kann er zum richtigen Zeitpunkt brutal ehrlich sein."

Becker kennt seine Grenzen. Um Ballack zur größten Werbe-Ikone unter Deutschlands Sportlern aufzubauen, beauftragte er den Spezialisten Peter Olssen. Ballack, sagt Becker nicht ohne Stolz, sei der Erste seit Beckenbauer, „der gut Fußball spielt, sich über Leistung definiert, anerkannt ist, gut aussieht und sich auch ausdrücken kann".

UND ENDLICH WIEDER ist ein Deutscher reif für Europas Topklubs. Bei Verhandlungen im Ausland zieht Becker Experten zu Rate, die sich im Markt auskennen, wie etwa Juan Figer in Spanien. Beckers Arm reicht wohl weit: Im Herbst 2005 sagte Zinédine Zidane laut „Bild", mit Ballack könne er nicht zusammen spielen, anderntags dementierte dies der Star von Real Madrid auf seiner Homepage. Insider konnten sich denken, wer Zidanes Management alarmiert hatte. Becker löscht Brände am liebsten, bevor der erste Funke entsteht.

Man muss strategisch denken. Hätte Ballack sich unter den Weltmeistern von 1990 behauptet, in diesem Team der Verdränger? „Klar", sagt Becker, „weil er ein hervorragender Spieler ist, und das erkennen auch andere. Und er hätte sich nicht in unnötigen Machtkämpfen aufgerieben." Das Berechnen, Allianzenschmieden ist selbstverständlich unter hoch bezahlten Profis, mit Elf-Freunde-Romantik hat das nichts zu tun. „Der Balle ist ein Stratege, auch außerhalb des Platzes. Er geht nur in einen Kampf, von dem er überzeugt ist, dass er ihn gewinnen kann. Sonst tust du dir selber weh."

87

Im Mai 2002 ist Ballacks Gesicht gezeichnet vom harten Saisonfinale – und noch stehen ihm vier Wochen WM bevor

4
EIN CHEF NAMENS HERBERT

Als junger Nationalspieler kommt er nach Leverkusen,
in ein bärenstarkes Team. Trainer Daum setzt auf ihn.
Sein Eigentor in Unterhaching versemmelt die Meisterschaft, doch Ballack verkraftet alle Rückschläge –
und führt Bayer 2002 auf eine Traumtour durch Europa

LEVERKUSEN

Mai 2002: Die Bayer-Fans jubeln, aber Meister wird Dortmund

TREFFER

In Leverkusen bekommt Ballack einen explosionsartigen Schub.
Bayer bringt die Experten ins Schwärmen, spielt den
besten Fußball der Klubgeschichte – doch ist am Ende stets der Verlierer

Ballack hat sich das Trikot über den Kopf gezogen, lässt sich von den Fans nach seinem Tor gegen den 1. FC Köln feiern, doch in dieser Saison 2000/2001 läuft es nicht glücklich für Bayer. Erst flüchtet Trainer Daum, dann kommt Vogts

Noch immer hängt in einem Gang der BayArena Ballacks Porträt, in der Galerie der Leverkusener Helden

DIE RAKETE ZÜNDET

ER HATTE DOCH EXTRA SEINEN WELTMEISTER GESCHICKT, DAMALS
beim ersten Antrag, 1997 war das und der Junge noch irgendein Talent

drüben im Osten. Manager Reiner Calmund sandte Sportdirektor Rudi Völler und seinen Assistenten Andreas Rettig gen Frankfurt, Steigenberger Hotel am Flughafen. **Der Auftrag: Holt mir den Ballack. Die Bayer-Scouts hatten diesen vielversprechenden Fußballer schon lange in der Raster-**fahndung, wie sie das nannten. Und der Rudi, der mit Jungspunden besonders gut kann, gab dem Burschen gleich mal ein paar Tipps: „An deinem Schuss musste noch ein bisschen üben, ein bisschen kräftiger werden."

Ein paar Tage später aber vernahm Calmund verdutzt: Ballack hatte sich gegen Bayer Leverkusen entschieden. Trotz des zweifellos finanziell besseren Angebots, trotz Bayers Ruf als Spitzenklub. Klar, Calmund hatte nicht gewusst, dass Kaiserslautern so dicht dran war, aber wer war schon der FCK? Und was war denn das für ein Kerl? Später würde durchdringen, Ballack habe das Gefühl gehabt: Die sind in Zeitnot, da kam zu wenig Wärme rüber. Zu wenig Wärme bei Rudi Völler?

Draußen umstreicht Nebel den Altenberger Dom, der als Schatten in die Nacht ragt. Daneben, in klösterlicher Stille, der Altenberger Hof, in dem Reiner Calmund empfängt. Hier gibt es die besten Waffeln des Bergischen Landes, mit Zucker, heißen Kirschen, Sahne und einem Klacks Vanilleeis. Calmund, 57 Jahre, ist nicht mehr Manager von Bayer Leverkusen, im Juni 2004 trat er zurück, begleitet von mordsmäßig Geraune. Nun dient er als WM-Botschafter dem Land Nordrhein-Westfalen, seine Redelust hat sich nicht merklich erschöpft, noch immer entrollt Calmund seine Gedanken in fabulösen Girlanden. Er wohnt um die Ecke, und er ist pünktlich.

„Das fuchst mich noch heute, nach Frankfurt nicht mitgefahren zu sein. Dann hätte ich Ballacks damaligem Berater was erzählt", sagt Calmund. „So, Wolfgang Vöge, ich mach dir jetzt einen Schal um den Hals." Das Geschäft der Berater mit den Klubbossen ist eines des Gebens und des Nehmens. Es gibt Deals in der Vergangenheit und Deals in der Zukunft, und in der Gegenwart muss man eben eine Lösung suchen. Vöge gehört zu Calmunds besten Freunden. Vöge gehört zu Rehhagels allerbesten Freunden. So stach Otto Calli aus, Frühjahr 1997. Das konnte Calmund nicht auf sich sitzen lassen.

Er war doch sonst immer der Erste. War schon beim letzten DDR-Länderspiel in Österreich aufgetaucht, November 1989, da dachte man noch, Egon Krenz hätte was zu sagen. Im Lauf seiner 28 Jahre bei Bayer hat Calmund Tausende junger Spieler

LEVERKUSEN

mit Hilfe seiner Späher gesichtet und gewogen. Hunderte hat er geholt. Bei Dutzenden lag er daneben, bei Dutzenden traf er ins Schwarze. Und er verpflichtete Michael Ballack, da hatte der noch kein A-Länderspiel gemacht. „Das war 'ne hübsche Nummer", sagt Calmund, und er grinst fröhlich, weil das eine seiner Lieblingsgeschichten ist und der Held ihm durchaus vertraut. „Der Spieler entwickelt sich weiter und weiter, und du beobachtest den aus dem Augenwinkel, das war eine große Scheiße." So beginnt er. Es ist das Kabinettstück eines managenden Schlitzohrs.

Erich Ribbeck, Vogts' Nachfolger als DFB-Teamchef, hatte Ballack im Februar 1999 auf die Länderspielreise in die USA mitgenommen. Und zufällig machte auch Calmund in jenen Tagen Urlaub in Florida. Zufällig in der Nähe der Nationalelf. Zufällig logierte nicht weit davon ein gewisser Michael Becker, beratend befreundet mit Olaf Marschall, dem Nationalstürmer des FCK, zudem Berater mehrerer US-Nationalspieler, von denen einer in Leverkusen unter Vertrag stand. Seinen Juristen-Job bei der EU hatte Becker gerade aufgegeben, ermuntert auch von Calmund. Nun, vor dem 3:3 gegen Kolumbien, stiegen die beiden in den Mietwagen. „Junge, heute fahrn wir mal zur Nationalmannschaft", verkündete Calmund munter. Man schlenderte so en passant rein, ins Ritz-Carlton Amelia Island, bald schwatzte Calmund mit Matthäus und Ribbeck, Becker plauderte mit Marschall, „der Ballack kam auch dazu, und wie das so ist, hat man dann ein zufälliges Treffen".

Ballacks Berater Michael Becker fädelte den Wechsel nach Leverkusen gemeinsam mit Calmund ein

Becker ging in den nächsten Tagen mit ein paar der Jungs einkaufen und zog mit ihnen in der Nacht vor dem Abflug durch die Bars von Miami. Calmund strahlt. „Zu meiner Freude hat er mir eine Woche danach mitgeteilt, dass er jetzt mit Ballack und Schneider zusammenarbeitet. Dann lass uns halt mal treffen, hab ich gesagt." Man traf sich zwei, drei Wochen später im Hotel Maritim, Königswinter, Fahrstuhl aus der Tiefgarage direkt vors Zimmer. Einen Laptop mit mobilem Drucker hatten sie natürlich dabei. Das Gehalt war nicht das Problem, erzählt Calmund, Pi mal Daumen eine Million Mark pro Jahr, viel mehr war's nicht. Und der Rudi Völler war da. Und der Vater vom Micha. Und dann wurden Nägel mit Köppen gemacht. Calmund breitet die Arme aus, als wollte er die Welt umarmen. „Der Rudi, der Calli, und als Trainer den Daum – das gefiel dem Balle. Das war's, meine Herren. Gruß und Kuss, dein Julius."

Über die Bühne sollte Ballacks Transfer bereits ein paar Monate später gehen, ein Jahr vor Ablauf seines Vertrags. Es galt nur noch, den widerwilligen Otto Rehhagel in der Pfalz zu überreden. Der wusste natürlich, da wurde ihm ein Klassefußballer abspenstig gemacht – und wehrte sich, solange es ging. Bis Calmund den letzten Trumpf zog und seinen Rudi schickte, der Otto milde zu stimmen vermochte. Der alten Werder-Zeiten wegen – und der Ablöse von fast vier Millionen Euro. Vom Juli 1999 an trug Ballack das Trikot mit dem Bayer-Kreuz. Stich.

„Das war 'ne hübsche Nummer", sagt Reiner Calmund, 57, hier im Altenberger Hof, über den Ballack-Transfer. Calmund ist heute nicht mehr Manager von Bayer 04, sondern arbeitet als WM-Botschafter für Nordrhein-Westfalen. Es war in der Tat ein Kabinettstück, wie er den kommenden Nationalspieler 1999 nach Leverkusen lotste.

LEVERKUSEN

Ich war froh, als das alles gelaufen war. Heute sage ich, dass ich zwei absolute Superjahre in Kaiserslautern hatte, mit guten Leuten um mich herum. Und auch mit Otto Rehhagel habe ich keine Probleme. Aber damals ging es einfach nicht mehr, der Trainer ignorierte mich, ich sah beim FCK keine Perspektive. Ich stand im Kader der Nationalmannschaft, hatte aber nicht das Gefühl, dass in meinem Klub meine Entwicklung anerkannt worden wäre. Bei Leverkusen wartete ein sehr starkes Team. Und der Trainer, bei dem ich am meisten gelernt habe: Christoph Daum.

Es ist eine schöne kleine Villa, Daums Haus in Istanbul, sie lehnt sich auf der asiatischen Seite der Stadt an den Hang, mit Blick auf den Bosporus, wo die Schiffe vorbeiziehen. Im Garten steht eine wild gemusterte Chaiselongue, die haben sie auf den Rasen gezerrt, damit der Fotograf einer Boulevardzeitung den Fenerbahce-Trainer samt Familie im Idyll fotografieren kann. Langsam gehen die Deutschen gnädiger mit Daum um, mehr als fünf Jahre nach seiner Kokain-Affäre. Im Herbst 2000 war die, und vielleicht spricht Daum, 52, auch deshalb gerne über Ballack, weil dieser Spieler zu den letzten guten Erinnerungen gehört, die er an seine Heimat hat. Als sie sich das erste Mal unterhielten, sagte der Coach: „Ich werde bei dir nicht den Wettbewerbsgedanken außer Kraft setzen. Aber du hast eine ganze Palette an Fähigkeiten, du wirst dir deinen Platz erkämpfen. Nur: Geschenkt bekommst du bei mir nichts." Ballack fasste Vertrauen. So erzählt es Christoph Daum.

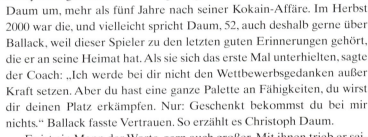

Er ist ein Mann der Worte, gern auch großer. Mit ihnen trieb er seine Mannschaften in Trainingslagern über glühende Kohlen. Sie brachten ihm bei Bewunderern den Ruf des Motivationskünstlers ein und bei Gegnern den eines Großmauls. Charaktere wie Ballack sieht er als

Christoph Daum, 52, Fenerbahce Istanbul, am Bosporus. „Von ihm lernte ich am meisten", sagt Ballack

Herausforderung an, als Rätsel, das nur er knacken kann. Jeder Fachmann hatte das Potenzial dieses Spielers erkannt. Doch bei wie vielen Jungen verschlummert großes Talent? Weil sie sich mit wenig zufrieden geben oder sich zu früh für zu wichtig halten. Oder weil sie es nicht wagen, den Finger zu heben, wenn die Zeit reif ist.

Natürlich war Ballack in Lautern Nationalspieler geworden. „Aber eigentlich hatte er erst beschauliche Gehversuche in der Bundesliga hinter sich", sagt Daum. Und nun war er beim Vizemeister. Sie gaben ihm die Nummer 13, bis heute seine Zahl, zuletzt hatte sie bei Bayer Rudi Völler auf dem Rücken, drei Jahre war sie nicht mehr getragen worden. Ein Willkommensgruß. Doch der Neue blieb vorsichtig, wie er es in unbekannter Umgebung immer sein würde.

„Am Anfang hast du ihn in der Kabine gar nicht bemerkt", sagt Daum. „Ich dachte mir: Da hast du einen, der sich schnell in sein Schneckenhaus zurückzieht." Hinter Daum glitzert die Meerenge im Sonnenuntergang, es wirkt, als säße hier ein Meister im Altersruhesitz, der über die Schöpfung eines seiner bedeutendsten Werke spricht. „Man darf einen Spieler nicht so behandeln, wie er im Augenblick ist.

Man muss ihn so behandeln, wie man ihn haben will. Das heißt: Ich habe mir ein Zielbild für Michael aufgebaut. Und dann habe ich versucht, ihn dort hinzuführen."

Nach einem Testspiel, noch vor der Saison, hielt Daum der Mannschaft in der Kabine eine Standpauke. „Einzig Michael Ballack ist auch mit einer Durchschnittsleistung reif für die Nationalmannschaft", sagte der Trainer. Die arrivierten Kollegen, geübt im hierarchischen Denken, staunten. Klare Ansage: Dieser Junge sollte was Besonderes werden.

Es begann zäh, Ballack verletzte sich, Innenbandriss, drei Monate Pause. Danach lief er meist im Mittelfeld neben Emerson, Beinlich und Zé Roberto auf, es war die spielstärkste Achse der Bundesliga. Ballack, 23 Jahre alt geworden, wurde von Mal zu Mal souveräner, der Stammplatz schien sicher. Doch Daum zog sich den Neuen immer wieder zur Seite: „Wir beide wissen, was du kannst. Und was du zeigst, reicht nicht. Wenn einer ins Stadion kommt und die Spieler gar nicht erkennt, muss der aus dem Spiel heraus sagen: Guck mal, das muss der Ballack sein!" Aufmerksam habe Ballack zugehört, aber geöffnet habe er sich nicht. Manchmal habe er ihn aufgefordert: „Michael, nun sag doch was!" – „Was soll ich sagen? Wir sind alle Profis, wir haben alle unsere Aufgaben, und jeder muss seine erfüllen." – „Nein, Michael, du musst auch die anderen mitziehen."

Immer wieder redete Daum auf Ballack ein. Er hatte sein Idealbild von diesem Spieler, dahin wollte er ihn führen

Daum steckt sich eine Zigarette an. „Ich weiß nicht, ob es an seiner Herkunft lag. Aber ich hatte das Gefühl, er sah es nicht als korrekt an, kritische Worte an das Team zu richten, wo er doch ein Teil davon war: vom Kollektiv." Daum hält kurz inne, das macht er selten. „Dieses Wort ist ihm manchmal rausgerutscht."

Es gab wenige Spieler, mit denen Daum lange redete, und mit keinem sprach er so viel wie mit Ballack. Kaum ein Wegbegleiter urteilt heute strenger als er über den frühen Ballack, aber es ist ihm anzumerken: Er war sein Lieblingsschüler. Einer, bei dem er mit größter Sorgfalt arbeiten musste. „Wenn du Michael persönlich angreifst, setzt er den Sturzhelm auf, zieht sich zurück, und du kommst nicht weiter", sagt Daum.

Ich hatte bei Christoph Daum gleich ein gutes Gefühl, obwohl er kein Kumpeltyp ist wie Klaus Toppmöller. Christoph Daum verlangt sehr viel. Er hat mich immer wieder rangeholt und gesagt, ich will, dass du den riskanten Ball spielst, dass du vorneweg marschierst. Kann schon sein, dass ich ein bisschen zurückhaltend war, dass er erwartet hatte, dass ich anders auftrete. Aber damals war ich 23 Jahre. Erst mal war ich zufrieden, dass ich überhaupt gespielt habe, bei dieser Konkurrenz. Aber Christoph Daum wollte immer mehr von mir sehen, immer mehr.

Der Bursche war manchmal zu still, zu zaghaft, auch auf dem Platz. „Einmal sagte ich ihm: Michael, du musst stärker den Mann spielen. Da guckt er mich an: Trainer, das ist eine Aufforderung zum Foulspiel!" Daum lächelt nicht, Fußball ist eine ernste Angelegenheit für ihn. „Nein, sagte ich, das ist eine Aufforderung, dass du mal kapierst, wie du deinen Körper nutzt. Nicht, um zu holzen: sondern um immer in der besseren Position zu sein." Daum variierte die Taktik. Wenn Ballack in einem Spiel wieder zu sanft gewesen war, schnappte er ihn sich: „Mensch, Michael, das war toll, wie du heute vorangegangen bist und das Ding umgebogen hast." Ballack habe ihn angesehen: Will der mich veräppeln? „Aber so habe ich ihn immer mehr dahin gezogen, wo ich ihn haben wollte." Ballack entwickelte sich, wie es seine Art ist: stetig, nicht in Sprüngen, ein Prozess der langsamen Reifung.

Seine Mannschaft spielte eine fabelhafte Runde, im März gewann sie 9:1 in Ulm, schoss in vielen Spielen drei, vier Tore. Und Ballack war Leverkusens Allzweck- waffe. „Ich brachte Michael überall, im defensiven Mittelfeld, als Spielgestalter oder als zweite Spitze", sagt Daum. „Wenn es den perfekten Spieler geben würde, dann käme Michael dem sehr nahe. Er ist universell begabt." Ein einziger Punkt fehlte Leverkusen schließlich zur ersten Meisterschaft.

Der 20. Mai 2000. Die Meister-T-Shirts waren gedruckt, die Feiern vorbereitet. Bayer Leverkusen reiste in den Münchner Süden, in den Sportpark Unterhaching, zur Spielvereinigung, die sich in die Bundesliga verirrt hatte. Deren Nachbarn vom FC Bayern hatten tonnenweise Weißwürste für einen Sieg über den lästigen Rivalen versprochen. Wochen zuvor hatten sie Leverkusen 4:1 nach Hause geschickt, aber die waren unbeeindruckt geblieben, gewannen im Endspurt vier Spiele in Folge. Die Münchner konnten zetern, loben, höhnen – Bayer marschierte. Bis zum letzten Tag.

Auf der Anzeigetafel blendeten die Hachinger immer wieder liebevoll den Stand des anderen Spiels ein. Bayern führte schnell gegen Bremen, traf und traf. Aber Le- verkusen war noch Meister, ein Unentschieden genügte. Doch im Sportpark machte sich eine seltsame Stimmung breit. Als liefe ein Film ab, der nicht aufzuhalten war.

Diese Einblendungen haben uns wirklich genervt, 1:0, 2:0, 3:0 für Bayern in den ersten 20 Minuten, das hat uns geschockt. Irgendwann waren alle gelähmt von dem Gedanken, es könnte nicht reichen. Unterhaching war das einzige Saison- spiel, in dem ich in der Spitze gespielt habe, Rink und Neuville waren verletzt. Wir hatten gemeinsam überlegt, wie wir's machen, am Ende sagte Daum: Du spielst vorne. Hinten war ich im ganzen Match nur einmal, glaube ich. Die Flanke kam von rechts, ich wusste nicht genau, gehe ich hin, kommt der Torwart raus, erst wollte ich wegbleiben, bin trotzdem halb hin, aber da war Adam Matysek auf einmal doch draußen. Und dann war der Ball drin. Schöner Mist.

21. Minute, Eigentor Ballack, 0:1. Noch so viel Zeit, aber es war eines dieser Spiele, bei denen das egal ist. Nichts ging mehr bei Bayer, schließlich kassierte man das 0:2. Noch vor Abpfiff raste ein Motorradfahrer mit der Meisterschale vom Sportpark zum Olympiastadion.

Christoph Daum lehnt sich zurück, die Sonne ist untergegangen, langsam wird es kühl in Istanbul. „Ich nahm nichts mehr wahr. Ich heulte einfach nur", sagt er. Nach Abpfiff lagen die Bayer-Profis wie erschlagen auf dem Rasen. Daum taumelte zu seinem Sohn, der mitgereist war. Keiner der Spieler konnte den anderen in die Augen sehen. Ballack kauerte auf der Bank, der Schütze des Eigentors, mit dem das Unglück begonnen hatte. Danach, in der Kabine, kickten die einen den Abfalleimer über den Boden, andere schwiegen, manche weinten. Ballack saß still in einer Ecke.

Das war bitter. Ganz bitter. Aber ich sah das nicht so, dass ich durch das Eigentor für uns die Meisterschaft verloren hatte. Wir haben damals immer ein Tor geschossen, nur in diesem Spiel nicht. Danach haben wir alle geheult, das weiß ich noch. Es war unerklärlich, dass wir es nicht geschafft hatten. Wie auch zwei Jahre später. Irgendwo scheint Bayer Leverkusen das Pech am Schuh zu kleben.

Daum lächelt ein bisschen. Er musste damals wissen, wie es weitergeht, Antworten finden war seine Aufgabe. „Michael wollte als der Große, Starke darüber hinweggehen. Er nutzte wie immer seinen Charme und die imposante Gestalt. Aber ich nahm es ihm nicht ab." Vielleicht geschah es instinktiv. Ballack rettete sich mit Unbekümmertheit, mit jenem jungenhaften Lächeln, mit dem er schon seine Lehrer an der KJS um den Finger gewickelt hatte. In die Mikrofone sprach er freundlich von „Mundabwischen" und „Weitermachen" und: „Da mach ich mir keen Kopp." Der Unberührbare. Oder: der scheinbar Unberührbare. So entsteht ein Image.

Wie ich mich in solchen Momenten verhalte, das ist ganz unbewusst, das hat keine Methode. Entscheidend ist, du musst da selber rauskommen. Auch wenn dich die Leute trösten, es kann dir keiner helfen. Im Endeffekt stehst du mit dem Erlebten allein da. Ich bin zum Glück nicht der Typ, der in Selbstzweifel verfällt. Außerdem stand die EM an. Da ist das Gute am Fußball: Es geht immer weiter.

Daum nahm ihn sich vor. Ballack suchte nicht nach Entschuldigungen, war ein Unfall, kann passieren, Fußball halt. Der Trainer sagte: „Nutze das. Im Erfolgsfall duselst du nur so vor dich hin." Daum, auf der Terrasse, trinkt einen Schluck Cola light, daneben liegen Snickers und Zigaretten. „Aber so eine Situation ist ein Blitzschlag, daraus musst du Energie gewinnen. Das kann ein epochaler Moment sein."

Regisseur Emerson wechselte wenig später zum AS Rom. Nun, glaubte Daum, war Ballack so weit. Nicht mehr überall und nirgends spielen, sondern im Zentrum. Der Schrittmacher des Teams werden. „Ich hatte ja meine Zielformulierung aufgebaut. Ich wollte Michael nicht wieder einen fertigen Spieler mit Machtanspruch vor die Nase setzen", sagt Daum. Er hört sich etwas dozierend an, als würde er eine komplexe Formel verkünden, die er nach jahrelangem Forschen entdeckt hat. „Dann hätte Michael sich sofort wieder untergeordnet." Denn Ballack, auch das ein typischer Wesenszug, kennt nicht den Beißreflex der Alphamännchen.

LEVERKUSEN

Als liefe ein Film ab, der nicht aufzuhalten ist:
Ballack trifft ins eigene Netz, Leverkusen ist fortan gelähn
in die Augen blicken. Bayer hat den Titel verspielt

Michael Ballack ist untröstlich. Vor dem letzten Spieltag der Saison 1999/2000 liegt Bayer auf Platz eins, dahinter kommt der FC Bayern, ein Unentschieden reicht. Doch beim entscheidenden Match in Unterhaching grätscht er im eigenen Strafraum in eine Flanke, das 0 : 1. Leverkusen verliert am Ende 0 : 2, die Meisterschale wird ins Olympiastadion gebracht

LEVERKUSEN

Erst mal ging es zur EM nach Holland und Belgien, mit der Nationalelf, in der Ballack noch immer als Greenhorn galt. Einmal eingewechselt, gegen Portugals Reserveelf zur Halbzeit ausgewechselt, 73 Minuten in toto. Deutschland schied blamabel aus, selbst wortlastige Zeitungen nannten das „Schande". Als die übliche öffentliche Generalabrechnung anstand, verkündete Mitspieler Christian Ziege: „Dem Ballack kannst du nichts mehr erzählen. Der ist schon Weltmeister." Zieges Revanchefoul. Im Training hatte ihn der Emporkömmling abgegrätscht. Als sich Ziege beschwerte, blaffte ihn Ballack an: „Halt's Maul." Er hatte gelernt, sich zu wehren. Und sich nach dem Schock von Haching nicht in sein Schneckenhaus zurückgezogen.

„Der Micha bekam in dieser Zeit einen explosionsartigen Schub nach vorne", sagt Ulf Kirsten. Seine Nase erinnert an die von Boxern, sie ist geformt von all den Ellbogen, die einem Stürmer ins Gesicht gerammt werden, wenn er furchtlos seine Lücke sucht. Heute trainiert Kirsten, 40, die Bayer-Reserve in der Regionalliga. Es ist ein Job, der Geduld braucht. „Wenige begreifen, dass es nicht reicht, nur zum Abschluss zu kommen", sagt er. „Ein Torjäger muss mehr wollen: das Tor machen." Ulf Kirsten war so einer, 182 Treffer in 350 Spielen. „Wir hatten viele Spielmacher, und alle waren darauf geeicht, mir den Ball vorzulegen. Nur der Micha: Der lief nach einem Jahr die Wege, die ich laufen wollte." Wo Kirsten eine Chance roch: Ballack stand oft schon da. „Ein Mittelfeldspieler, wie ich ihn noch nie gesehen habe. Der hatte das, was vielen Stürmern fehlt. Der ging immer rein, volle Knolle!" Es hört sich respektvoll an, aber auch grimmig. Ballack nervte ihn anfangs gehörig. Sie gerieten oft aneinander, der Ulf, den sie Bollerkopp nennen, weil er so stur ist und bissig, und der nette Micha, der genauso stur sein kann. Aber sie vertrugen sich gut genug, um Karten zu kloppen, Ballack, Kirsten, dazu Neuville und Beinlich – Viererramsch, ein Spiel für Zocker, Paule Beinlich machte die Bank.

Ulf Kirsten, 40, trainiert heute die Bayer-Reserve. Ballack hat mehr Tordrang als die meisten Stürmer, sagt er, der selbst ein großer Stürmer war

Sommer 2000. Eine irrsinnige Zeit brach an. Ribbeck war als Bundestrainer zurückgetreten, Daum wurde als Nachfolger verpflichtet, musste aber noch ein letztes Jahr in Leverkusen ableisten. Die Zwischenlösung hieß: Rudi Völler. Und der wollte Ballack mit Sebastian Deisler zum Traumpaar im Mittelfeld aufbauen. Alles schien sich wieder zu fügen: Einer seiner beiden großen Förderer war nun Teamchef der Nationalelf. Und der andere sein Vereinstrainer. Nur stand der wenig später im Mittelpunkt einer Groteske, die ihn den Job kosten sollte – und den Ruf.

Erst waren Gerüchte umgegangen, dass Daum Kokain nehme, dann sprach Bayerns Manager Uli Hoeneß vom „verschnupften Daum", wenn das stimme, „kann er nicht Bundestrainer werden". Daum verklagte Hoeneß wegen Verleumdung und ließ sich zur Haaranalyse überreden, um seine Unschuld zu beweisen. Alle dachten:

Die muss negativ sein. Die Probe aber erbrachte: Kokainkonsum. Daum flüchtete Hals über Kopf nach Florida. Es war November 2000, mitten in der Saison.

Natürlich wurden wir gefragt: Habt ihr da nichts bemerkt? Ich kann nur sagen: Wir Spieler waren genauso geschockt wie viele andere auch. Persönlich enttäuscht war ich nicht von Christoph Daum. Es war eher so: Ich konnte es nicht fassen. Natürlich war der Umgang nach den Vorwürfen anders geworden, befangener. Ich kann mir nicht vorstellen, dass er jemals mit einem Spieler darüber gesprochen hat.

Kirsten schaut auf den Tisch. „Ich habe Christoph Daum bis zum Schluss geglaubt", sagt er. „Und dann war es einfach nur ein schwerer Schlag." Trotzdem machte Kirsten später bei Daum sein Trainerpraktikum.

Als Nachfolger kam Berti Vogts. Und alles wurde anders. „Daum hatte ja auch diese Lockerheit reingebracht", sagt Kirsten. Andere, die Vogts erlebt haben, erzählen noch heute: Der frühere Bundestrainer sei ein guter Mensch, aber er wittere hinter jedem Baum einen Feind. Unter Vogts war Leverkusen zunächst erfolgreich, schob sich auf Platz eins, Ballack spielte überragend. Real Madrid und Barcelona begannen, um ihn zu buhlen. Im Januar fuhr Bayer, trotz allem Herbstmeister, ins Trainingslager nach Rom, ins Landgut La Borghesiana, in dem die Nationalelf 1990 vor dem WM-Finale gewohnt hatte. Es war schweinekalt. Ballack trainierte mit Wollmütze, übte am liebsten Pässe mit dem Außenrist und war der einzige Bayer-Profi, der unbekannte Reporter mit einem Lächeln im Gesicht grüßte. Der wird ein Riese, raunten sie im Tross.

Doch zu Beginn der Rückrunde verlor Leverkusen die Linie. Ballack wurde unsicher, Vogts plauderte dessen geheime Ausstiegsklausel aus, für den Spieler ein Segen, machte ihn aber öffentlich nieder. Plötzlich galt Ballack manchem wieder als Schönwetterspieler, das Klischee aus Rehhagels Zeiten war zurück, das vom EM-Auftritt bestätigt schien: dieser schnöselige Kerl, der Gang zu aufrecht, die Erscheinung zu manierlich. Und dann, im Februar 2001, sah Ballack auch noch mit der Nationalelf beim 0:1 gegen Frankreich gegen den wunderbaren Zidane aus wie ein Zauberlehrling. Selbst Teamchef Völler bemängelte vor der Presse seine Leistung.

Es brach über Ballack herein wie nie. Willkommen in der Welt der großen Erwartungen.

„Das war auf der Kippe, ob der Micha das aushält", sagt Kirsten. Er blickt unter buschigen Brauen hervor, trägt einen Kinnbart, alles schwarz beim „Schwatten", wie sie ihn hier nennen. „Aber der Micha ist trotzdem wieder ins Getümmel, auch wenn alles gepfiffen hat. Er hat immer noch den Risikopass gespielt, da kommen drei nicht an, alle buhen, doch der vierte bringt vielleicht das Tor." Auf dem Platz hielt Ballack stand. Aber er war angegriffen. So sehr, dass seine Freundin Simone, die sich bislang stets zurückgehalten hatte, in die Offensive ging. Nach der Pleite gegen Freiburg, April 2001, ordnete Vogts eine Reha-Maßnahme an, obwohl Ballack einen freien Tag

LEVERKUSEN

versprochen bekommen hatte, zur Silberhochzeit seiner Eltern. Plötzlich stand Simone bei Calmund auf der Matte: „Lasst mir meinen Micha in Ruhe!" Ja, sagt Calmund, die Frau Lambe habe nicht groß herumpalavert. „Als es da brannte für den Michael, kam die im Kampfanzug und mit Maschinengewehr." Es war für Calmund, der sich als „alten Macho" bezeichnet, ein Kulturschock. „Die meisten Spieler hätten sich nicht getraut, mir so eine Ansage zu machen." Calmund macht große Augen, es ist sein schönstes Hut-ab-Gesicht. Aber nach Chemnitz fahren durfte Ballack nicht.

Als Berti Vogts schließlich im Sommer 2001 sein Bündel packte, war bei Bayer keiner richtig traurig. Klaus Toppmöller beerbte ihn, und Leverkusen erlebte eine berauschende Saison, die größte der Geschichte. Heute arbeitet Toppmöller, 54, als Nationaltrainer Georgiens, seine Kompetenz ist umstritten, nachdem er zuletzt beim Hamburger SV scheiterte. Ob es an seiner Taktik lag oder ob er die von Vogts geknuteten Spieler einfach von der Leine ließ? Jedenfalls begann die Mannschaft im Herbst auf schwindelerregendem Niveau zu kombinieren, Bastürk, Zé Roberto und Schneider spielten zum Niederknien. Und Ballack war das Auge des Wirbelsturms. Im August hatte seine Freundin ihr erstes Kind zur Welt gebracht, Louis. Für den jungen Vater war die Saison turbulent losgegangen, mit dem Tiefpunkt in München, dem schrecklichen 1:5 gegen England in der WM-Qualifikation. In der Folge aber zeigte Ballack den besten Fußball seiner Karriere. Sein Weg war nun klar: steil hinauf in die Weltspitze. Leverkusen war die perfekte Basisstation geworden.

Berti Vogts, Daums Nachfolger, kritisiert Ballack öffentlich – viel mehr zu sagen haben sie einander nicht

Toppi hat uns gut eingestellt. Und gut aufgestellt, das ist ja das Erste. Er hat Risiko gespielt, hinten teilweise Mann gegen Mann, nur mit Nowotny und Lucio in der Kette. Dadurch waren wir im Mittelfeld immer in der Überzahl und konnten unser Spiel wunderbar aufziehen. Toppi konnte aber auch böse werden – er war nicht nur ein Kumpel. Ich halte ihn für einen klasse Trainer, dass ich unter ihm einige meiner besten Spiele gemacht habe, war ja kein Zufall. Er wusste genau, wie er meine Stärken zur Geltung bringt.

Seit 30 Jahren ist Dieter Trzolek Physiotherapeut bei Bayer Leverkusen, in solch einer Zeit lernt man, das Wesen von Spielern zu erkennen. „Damals hatte ich das Gefühl, der Herbert ist bereits zehn Jahre bei uns", sagt Trzolek. Der Herbert, das ist Michael Ballack. So nannte er ihn von Anfang an. Denn der Herbert, das war für ihn ein Dirigent wie Herbert von Karajan. „Ballack ist einfach clever. Als er kam, schaute er erst, was ist hier los. Und am Schluss, da hat er die Jungs geführt, das haben die gar nicht gemerkt." 58 Jahre ist Trzolek alt, ein hagerer Mann, Glatze und grauer Kinnbart, der ihm etwas Druidenhaftes gibt, in der Szene ist ausgerechnet er, der Masseur des Pillenklubs Bayer, für seine alternativen Heilmethoden berühmt.

„Wenn der Herbert einem was Deftiges sagte, nahm ihm das keiner übel, weil er nie persönlich wurde", sagt Trzolek. In seinem laborartigen Kämmerchen, in den

Katakomben des Stadions, hängt eine Autogrammkarte Ballacks, unterschrieben mit „Herbert". Im Raum steht die Massagebank, auf der lagen schon viele, die über Kameraden schimpften, bevor sie ihnen im Hinausgehen auf die Schulter klopften. „Bei Ballack wusste jeder: Der macht nichts hintenrum, der sagt's dir ins Gesicht."

Nach seinem Eigentor in Unterhaching war Ballack mit Trzolek in den Kraftraum gegangen, mit einem, bei dem er sich auskotzen konnte. Was er sagte, will Trzolek nicht erzählen, ein guter Kneter muss dichthalten können. Trzolek sagt nur: „Es gibt viele Spieler, die machen einen auf harte Sau, und wenn du mit ihnen alleine sprichst, fallen sie zusammen wie zehnjährige Jungs. Dann gibt es solche, die gar nichts kratzt. Der Herbert war genau auf dem geraden Weg." Man nennt Trzolek bei Bayer nur Tscholli oder Papa. Und viele sagen, dass er für das alte Bayer steht, die große Familie. Er sei unersetzbar. „Wenn eine Spielerfrau Grippe hat, schicken wir den Arzt, und als Herberts erster Sohn Husten hatte, bekam er von uns einen Saft", sagt Trzolek. „Der Herbert ist einer, der braucht so ein Umfeld. Deshalb war er bei uns so stark in diesem Jahr 2002."

Die große letzte halbe Saison des Michael Ballack bei Bayer Leverkusen, sie hatte ein denkwürdiges Vorspiel. Im Dezember 2001, als Bayer erneut die Herbstmeisterschaft feierte, stand für Ballack der nächste Schritt an. Viele, die ihn kennen, sagen: Es war der nächste Schritt in einer Art Masterplan. Zwar war auch Real Madrid im Rennen, aber Ballack entschied sich für Bayern München, wieder für die kleinere Nummer im Wettbieten. Reiner Calmund versuchte gar nicht, seinen Spielmacher zu halten. Er wusste, es war aussichtslos, außerdem: „Ich hätte auch meinem Sohn zu diesem Wechsel geraten." Gegen 6,1 Millionen Euro Ablöse konnte sich Ballack zum Saisonende verabschieden. Es folgte ein konzertierte Aktion von Bayerns Uli Hoeneß, Berater Becker und Calmund. Am 23. Dezember verkündete der Bayer-Manager per Fax, dass Ballack ein Münchner werden würde, „pünktlich zur ‚Stillen Nacht'", sagt Calmund. „Ruhiger kannst du so was nicht über die Bühne bringen." Man hört Stolz heraus.

Physiotherapeut Dieter Trzolek, 58, verpasste Ballack den Spitznamen „Herbert". Das Vorbild: der Dirigent Herbert von Karajan

Es war Bayers großer Dienst an Ballack. Im Oktober war herausgekommen, dass Sebastian Deisler nach München gehen würde, der galt noch immer als einzig möglicher Retter des siechen deutschen Fußballs. Und es drang ans Licht, dass der sensible Hertha-Profi von den Bayern ein Handgeld von 20 Millionen Mark erhalten hatte, ein Skandal! – Deisler zahlte es entnervt zurück. Bei Ballack? Stille Nacht, heilige Nacht. Man darf annehmen, dass er ein ebenso üppiges Handgeld erhalten hat, diesen üblichen Begrüßungsstrauß. Aber das interessierte die wenigsten.

Bayer sollte nach Ballacks Wechsel – auch Zé Roberto verließ den Klub – in den Ligakeller rutschen. „Da ist ein Vakuum, seit der Junge weg ist", sagte Calmund damals. Der Manager sah aus, als schliefe er keine Minute mehr. „Wenn ich nachts

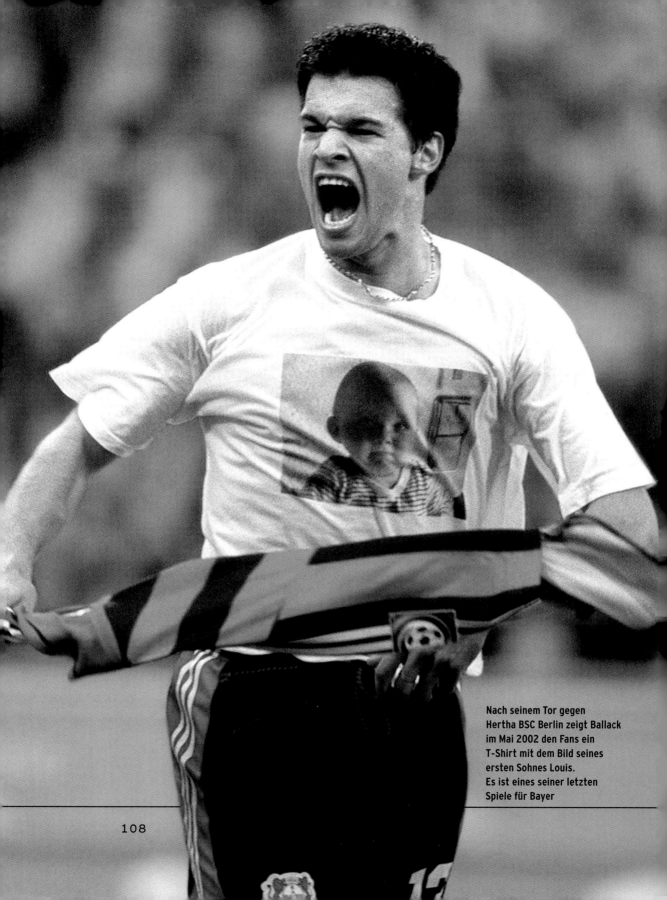

Nach seinem Tor gegen Hertha BSC Berlin zeigt Ballack im Mai 2002 den Fans ein T-Shirt mit dem Bild seines ersten Sohnes Louis. Es ist eines seiner letzten Spiele für Bayer

LEVERKUSEN

1. In der Saison 2001 / 2002 spielt Bayer in der Champions League wie im Rausch: Lucio, Ballack und Trainer Toppmöller bejubeln ein Tor gegen Liverpool, Viertelfinale
2. Gegen Manchester United, Halbfinale, zermürbt vor allem Ballack die Engländer
3. Im Finale spielt Bayer stark, verliert aber 1 : 2 gegen Real Madrid
4. Calmund tröstet Ballack, Madrid hat Bayer den Pokal weggeschnappt
5. Beim Länderspiel gegen Österreich in Leverkusen wird Ballack von Bayer verabschiedet

aufstehe, wartet es schon auf der Toilette, datt Abstiegsgespenst." So verblasste in kurzer Zeit die Erinnerung an das glorreiche Frühjahr 2002. Ballack hatte in seinen letzten Monaten bei Bayer gekämpft, als gäbe es kein Morgen. Er wollte sich nichts nachsagen lassen. In der Bundesliga erarbeitete sich der Klub drei Spieltage vor Schluss fünf Punkte Vorsprung. In der Champions League schaltete man Liverpool aus, Ballack traf mit links in den Winkel, aus 20 Metern, und kurz darauf per Kopf. Als Nächstes das erste Halbfinale bei Manchester United. Die ManU-Fans verabschiedeten die Deutschen nach dem 2:2 mit Standing Ovations.

Calmund redet sich in Rage. Was folgte, zu Hause in Leverkusen, ist für ihn das Spiel der Spiele. Es steht 1:1, und ManU, das damals noch große, mächtige ManU, drängt. Ballack stellt sich als Prellbock vor die Abwehr. „Für mich ist dieses Spiel das Aushängeschild dieses Ballacks als Leader, als Typ, als alles angeschlagen war, und er hat da alles weggefischt, alles rausgebombt, alles umgeköppt, jeden Grashalm umgetreten, jeder Spieler, alles, was kam, flog. Wir waren in höchster Seenot, die Wellen kommen von links und rechts, und es steht da der Feinmechaniker, unser Geigenspieler und Salontänzer, und haut alles raus: patsch, patsch, patsch. Dann wurde abgepfiffen, wir waren im Finale. Und in der Kabine lag der Balle wie eine Kaulquappe auf dem Boden. Hat alle viere von sich gestreckt. Ich hätte ihn am liebsten geadelt. Denn das ist eine kleine Pottsau, der Ballack. Seitdem weiß ich, der kann, was sonst fast keiner kann: sowohl Geige als auch Schlagzeug spielen."

Ballack hatte eine Wadenverletzung erlitten, biss in den folgenden Endspielen auf die Zähne, doch am Ende stand Bayer mit leeren Händen da. Die Meisterschaft ging an Dortmund, trotz zweier Ballack-Tore am letzten Spieltag. Das Pokalfinale verlor man gegen Schalke 04. Das Champions-League-Finale gegen Real Madrid, obwohl Bayer besser war. Die Leverkusener Nationalspieler, die so großen Fußball gezeigt hatten, reisten als notorische Verlierer zur WM nach Japan und Südkorea. Und sollten als Vizeweltmeister zurückkehren.

In der Adidas-Lounge, BayArena, schwarze Lehnen auf Stahlbeinen, dunkelgraue Tischplatte: Hier trafen sich die DFB-Trainer zu Völlers Teamchef-Zeiten zum Kriegsrat. Man schaut durch die Glasscheibe auf den leeren Rasen, was dem Gespräch eine melancholische Note gibt, aber Rudi Völler, längst wieder Sportdirektor bei Bayer, ist nicht melancholisch zumute, er sei froh, sagt er, 2004 zurückgetreten zu sein, diese positive Stimmung, die sein Nachfolger Jürgen Klinsmann entfalte, er hätte nicht mehr die Kraft gehabt, damals.

Auch Ballack konnte ihn nicht retten, sein Ballack, in den er sich schon früh verrannt hatte. „Er ist ein Spielertyp", sagt Völler, „der mir auf Anhieb gefiel. Ich habe Calmund immer wieder gedrängt: Calli, wir müssen den Ballack aus Chemnitz holen! Als ich Bundestrainer wurde, war klar, dass der in der Nationalelf mein Turm wird. Ich wusste, dass der Micha mir das Vertrauen zehnfach zurückzahlt. Und

Als Teamchef baute er Ballack in der Nationalelf zum Anführer auf. Heute ist Rudi Völler wieder Sportdirektor, die BayArena sein Büro

Das Halbfinale der Fußball-WM 2002: Ballack schießt das 1 : 0 und besiegt Gastgeber Südkorea. Rudi Völlers Team ist im Freudentaumel, doch Ballack hat kurz vor dem Tor die zweite gelbe Karte kassiert: das Aus fürs Endspiel in Yokohama. Dort muss er sich das 0 : 2 gegen Brasilien von der Bank aus ansehen

das hat er dann auch getan." Seit Juli 2000 versuchte Völler eine Nationalelf aufzubauen, eine neue, eine bessere, 2002 schien es ihm gelungen zu sein, und 2004 ist er schließlich gescheitert. Bei der WM 2006 wird er für RTL kommentieren. Es ist seltsam, mit ihm über Ballack zu sprechen. Das, was ihm zum Schluss als Schwäche ausgelegt wurde, seine Treue zu verdienten Spielern wie Hamann, Ziege und Nowotny, bei Ballack war es eine Stärke. Weil der schon immer einer war, der nur vollkommen glänzen konnte, wenn er vollkommenes Vertrauen spürte. Bis heute ist ihm Ballack dankbar, er sagt: Der Rudi hat eine intakte Mannschaft hinterlassen.

Völler lächelt. Er könnte sofort vom WM-Halbfinale 2002 schwärmen, aber dazu ist gleich noch Zeit, man braucht Zeit für diese Anekdote, die in einigen Jahren zu den Klassikern gehören wird. „Die Ukraine 2001", sagt Völler erst mal, „die war einfach nur brutal." Noch heute, mehr als vier Jahre später, ist ihm anzumerken, wie schwer der „Albtraum, der Wahnsinn" auf der Seele lastete, in der WM-Qualifikation zu versagen. „Wie da gerannt, getreten, gefightet wurde!", sagt Völler. „Das war wichtiger als ein WM-Finale."

In Kiew warten im Olympiski-Stadion 85 000, die pfeifen und tröten und trommeln, und die Ukrainer machen das 1:0, doch kurz darauf drückt Ballack nach einer Ecke den Ball über die Linie, und der Spuk ist vorbei. Im Rückspiel nehmen Völlers Jungs die Ukrainer auseinander, 4:1, zwei Tore Ballack, in der vierten Minute schon das 1:0. „Wenn es Spitz auf Knopf stand, war er immer da", sagt Völler. Die Geschichte vom Halbfinale 2002 ist Völlers ganzer Ballack in der Nussschale. Wie Ramelow zauderte und Ballack tat, was getan werden musste. Wie Ballack die gelbe Karte kassierte, die zweite, damit war er fürs nächste Spiel gesperrt, fürs WM-Endspiel, und wie er vier Minuten später das entscheidende Tor macht.

Ballack hat beide Momente, die Karte und das Tor, noch sehr vor Augen. Jetzt, da die nächste WM naht, drängen langsam auch die Erinnerungen wieder hoch, sagt er.

Ein warmer, klarer Tag, das Stadion von Seoul ist ins Abendrot getaucht. Fünf Wochen schon sind die Deutschen in Fernost, keiner hat mit ihnen gerechnet. Das Halbfinale in diesem Kessel gegen Südkorea, gegen 64 000 Koreaner, die alle in Rot gekleidet sind, sodass das ganze Stadion aussieht wie ein riesiger roter Ring. „Dae-Han-Min-Kuk", schreien sie, den Namen ihres Landes, wie ein Mantra. Ballack hat vor ein paar Tagen das entscheidende Tor gegen die USA geschossen, es war ein glücklicher Sieg, und als Erinnerung hat Ballack eine fiese Schramme unterm rechten Auge, vom Ellenbogen eines US-Boys. Jetzt also Korea. Der rote Ring hat zuvor schon Portugal, Polen, Italien, Spanien die Luft genommen.

Aber die Deutschen stehen gut. Sie wirken frischer. Bis weit in die 2. Halbzeit passiert nicht viel. Bis zu jenen vier Minuten, die Ballack verändern werden, oder eher: wie der Nationalspieler Ballack in der Öffentlichkeit gesehen wird. Wer ihn

LEVERKUSEN

fortan noch Weichei nennt, hat diese vier Minuten nicht gesehen. Wer sie gesehen hat, weiß: Da ist etwas, das Ballack in seiner Karriere noch zu erledigen hat.

Sie sind nicht mehr so fröhlich, die Fans, ihre Rufe klingen trotzig. Endlich bricht einmal ein Roter durch, 71. Minute, es ist Lee, gefährlicher Mann, er hat den Ball eng am Fuß, stürmt auf den deutschen Strafraum zu, hat freie Schussbahn – und wird von hinten gelegt. Klarer Fall von Sense. Ballack. Er konnte nicht anders. Oder konnte er anders? Warum hatte zuvor Ramelow den Mann einfach laufen lassen, der brave, biedere Ramelow? Warum musste ausgerechnet Ballack das Foul machen? Der Einzige, dem man im Finale gegen Brasilien ein Tor zutrauen würde?

Ich musste es tun, ganz einfach. Keine Frage. Das Dumme ist, ich wollte damals vor dem Spiel zu Schiedsrichter Urs Meier gehen, weil ich dachte, der ist in Ordnung: „Du, hör mal, ich habe ja schon eine gelbe Karte, ich versuche wirklich, wegzubleiben. Denk bitte dran, wenn es nicht sein muss, gib mir keine." Ich wollte es noch sagen, aber dann dachte ich, ach, weißt du, mach es nicht. Das beeinflusst ihn nur. Es kommt, wie es kommt. Im Nachhinein haben wir mal darüber geredet. Meier sagte: „Wenn ich das gewusst hätte, hätte ich dir vielleicht keine Karte gegeben." Als es passierte, sagte ich mir sofort, das war's mit dem Finale. Aber zum Nachdenken hast du gar keine Zeit – zum Glück. Denn vier Minuten später fiel ja das Tor. Ich habe ziemlich lange gewartet, weil ich nicht wusste, geht der Olli Bierhoff jetzt zur Seite oder nicht? Ich habe „Leo" gebrüllt, was unter Fußballern so viel wie „ich" heißt, und Oliver Bierhoff blieb weg. Es war ja nicht selbstverständlich, dass er einen solchen Ball durchlässt. Den ersten Schuss mit rechts muss ich eigentlich schon machen. Aber der Torwart hält ihn, ich habe Glück, der Ball kommt zurück, ich reagiere ganz gut, mit links, zack. Das ist schon unbeschreiblich, wenn du so ein Tor machst. Das ganze Stadion war still. Oder haben die Leute gekreischt? Kann auch sein. Erst mal war ich ganz allein. Habe jubelnd abgedreht, bin auf die Knie gefallen, wieder hoch. Das nimmst du alles gar nicht wahr. Vom Video weiß ich, dass es ganz schön lange gedauert hat, bis die anderen Spieler da waren, Frings war der Erste. Die waren alle so platt, das Turnier dauerte ja schon eine Ewigkeit, da kamen einige nicht mal mehr zum Jubeln nach vorne. Und dann war das Spiel vorbei. Ich war natürlich unglaublich enttäuscht. Es war seltsam: Die Jungs um mich herum haben gefeiert wie wild, und ich war fertig mit der Welt. Tränen sind geflossen. Nach und nach kamen alle zu mir und haben versucht, mich aufzurichten. Das ging in dem Moment aber nicht. Ich wusste, ich würde das Größte verpassen, was ein Fußballer erleben kann: ein WM-Finale. Jetzt, vor der WM 2006, sage ich: Ich werde hoffentlich nicht wieder mit einer gelben Karte belastet in ein Halbfinale gehen. Dann bist du blockiert. Das ist dann schon im Hinterkopf. Rudi Völler sagte damals: Das hat der da oben gesehen. An den lieben Gott glaube ich nicht. Aber ich glaube schon, dass einige Sachen vorherbestimmt sind. Ich glaube ans Schicksal. Oder wie man das nennen möchte.

INTERVIEW

„SELBST WENN ER AUF DIE GOSCHE FLIEGT, GEHT ER ALS SIEGER RAUS"

Noch immer sind Karin und Stephan Ballack für ihren Sohn enge Vertraute – und beste Ratgeber. Ein Gespräch mit den Eltern über Michaels Art, sich zu behaupten

Immer da für den Micha: Stephan Ballack und seine Frau Karin, hier auf einer Parkbank in der Nähe ihres Büros

Herr Ballack, gleich nach dem WM-Halbfinale 2002 riefen Sie Ihren Sohn an. Was hat er gesagt?
STEPHAN BALLACK: Nicht viel. Das ist ja das Problem bei uns. Ich sagte damals: „Mensch, Micha, warum habe ich immer einen Kloß im Hals, wenn wir telefonieren?"

Es war der bislang größte Moment seiner Karriere und zugleich der härteste. War er sehr niedergeschlagen?
STEPHAN BALLACK: Ich merkte das natürlich. Micha kann das sonst gut verbergen. Das machte er schon immer so. Man muss genau wissen, wo man ansetzt bei ihm, ansonsten kommt er nicht frei heraus. Aber er hat die Fähigkeit, sich selbst aus einem Loch herauszuziehen. So war das schon beim Knorpelschaden. Ich sage ja heute noch: Der kann machen, was er will, selbst wenn er auf die Gosche fliegt, geht er immer als Sieger raus. Dem haben sie in Korea die zweite gelbe Karte gezeigt, und trotzdem war er der absolute Gewinner. Der Micha ist ein Typ, der immer wieder aufsteht. Der selbst aus Negativerlebnissen was Positives macht.

Viele sagen, seine Karriere lief schnurgerade. Dabei waren einige Hürden zu überwinden, Knorpelschaden, Kaiserslautern, Eigentor in Unterhaching. Hatten Sie mal Sorge, dass er scheitert?
STEPHAN BALLACK: Lautern war heftig. Ich wusste nicht mehr, was ich erzählen sollte nach einem halben Jahr. Ich sagte immer wieder: „Du wirst schon spielen. Wart ab."
KARIN BALLACK: Hier in Chemnitz war ihm ja alles geebnet worden. Da haben die Fans den gestandenen und erfahrenen Spielern sogar morgens die Brötchen vorn an die Türklinke gehängt. Und in der Sportschule wurde eh alles für die Jungs geplant. Dann in diese harte Profiwelt zu kommen ...
STEPHAN BALLACK: Das ist auch für Eltern schwer. Als wir auf der Tribüne standen, beim ersten Regionalligaspiel in Kaiserslautern für die Reserve, dachten wir: Regionalliga! Da hätte er auch zu Hause bleiben können. Und Sie werden immer kleiner, wenn die Leute sagen: „Wo kommt denn der her?" – „Aus dem Osten." – „Ja, guck doch mal, wie der rumläuft!" Dann macht er das entscheidende 1:0. „Der schwächste

115

INTERVIEW

Mann auf dem Platz schießt das Tor." Das ist hart. Irgendwann müssen sich Eltern fragen: Wann ist der Punkt, an dem er wirklich zerbrechen könnte, an dem er besser zurückkommen sollte?

Dabei gibt er sich in schwierigen Momenten nach dem ersten Schock immer sehr gelassen, wie nach dem Eigentor in Unterhaching, man könnte sagen: cool.

STEPHAN BALLACK: Cool? Nein, das ist er nicht. Das war damals Selbstschutz. Es war sein erstes deftiges Schlüsselerlebnis, ich hätte nicht in seiner Haut stecken wollen. Er gab sich selbst einen Anhaltspunkt: So sollte ich das einordnen, und so stelle ich das auch nach außen dar, selbst wenn ich mich anders fühle. Es funktionierte. Und wenn ihm so etwas hilft, dann merkt er es sich und zieht das später wieder aus der Schublade. Er hat sich das zur Maxime gemacht: nicht alles so wichtig nehmen. Ich sage immer: Es ist der Micha.

KARIN BALLACK: So geht er auch nach Hause. Wenn er die Tür zumacht und zum Golfspielen fährt, dann ist das vorbei.

Das ist aber auch eine Vorgehensweise, die sensible Menschen lernen, weil sie sich öffentlich keine Blöße geben wollen.

STEPHAN BALLACK: Micha hat einen weichen Kern. Aber den behält er für sich. Man muss sich in diesem Geschäft schützen. Da kommt selten eine Hand, die einen rauszieht.

KARIN BALLACK: Ich weiß auch nicht, warum es zum Beispiel bei ihm immer ausartet mit den Schlagzeilen. Es hat ja keiner was dagegen, wenn sie schreiben, er hat schlecht gespielt, aber dass er als Schnösel oder raffgierig hingestellt wird, geht zu weit. Was hat er denn gemacht? Er macht Schlagzeilen,

Der Vater empfängt den Sohn am Flughafen Köln, 2002, Bayer hat das Champions-League-Finale gegen Real Madrid verloren

als wenn der Stoiber in Bayern die Wahl verloren hätte. Mittlerweile lesen wir das einfach nicht mehr.

STEPHAN BALLACK: Das Problem ist: Er ist einer der prominentesten deutschen Spieler, aber er liefert privat keine Skandale. Also suchen sie irgendwas. Und wir haben mittlerweile auch gelernt: Auf diesem Niveau wird sehr viel von anderen Leuten lanciert, die damit Politik machen wollen. Auch gegen ihn. Micha hat einen unwahrscheinlich ausgeprägten Gerechtigkeitssinn. Wird der nur in Ansätzen verletzt, dann kann er sofort ganz dichtmachen. Dann spricht Micha auch mit den entsprechenden Leuten nicht mehr. Und dann kriegt er es um die Ohren, bis er sich wieder kooperationsbereit der Zeitung gegenüber zeigt. Das ist ein Machtspiel. Aber Micha kann gut beobachten, unterscheiden zwischen Freund und Feind.

KARIN BALLACK: Bei Freunden ist er loyal.

STEPHAN BALLACK: Er erzählt nie, was in der Kabine gesprochen wird, auch mir gegenüber nicht. Das ist tabu. Er trennt: Das ist Mannschaft, und das ist Familie. Früher beim CFC, wenn ich über Spieler schimpfte, sagte er: „Vater, halt dich zurück."

Ist diese Einstellung ein Erbe des Ostens, wie manche glauben? Und auch, dass er immer Anlauf braucht, bis er sich eingewöhnt?

STEPHAN BALLACK: Ich glaube, das ist einfach sein Charakter. Er kam nie irgendwohin und sagte: „Ich bin der Chef." Aber er hat das gelernt mit der Zeit. Da war die Heckert-Siedlung schon eine gute Schule. Entweder man macht dort mit, oder man geht unter. Auch im Fußball hat er das drauf: Wenn gar nichts geht, musst du ein bisschen Aufruhr machen auf dem Platz. Er macht sich keinen Druck, aber er hat das in sich: seine Ziele unbedingt erreichen zu wollen. Ich weiß nicht, wo das herkommt.

KARIN BALLACK: Man merkt seine Herkunft höchstens in der Sprache. Wobei wir Ballacks ja nicht stark sächseln, wir kommen aus Görlitz, das ist ein anderer Dialekt, Schlesisch. Den hört man selbst bei unseren Enkeln noch heraus. Wir müssen immer lachen, wenn die sagen: Och, Oma, och!

Sie sagen, er suche die Chefrolle nicht. Dennoch ist er jetzt zweifelsohne Führungsspieler.

KARIN BALLACK: Er braucht die richtigen Trainer dazu. Wenn es mit denen nicht klappt, klappt auch alles andere nicht. Er muss das Gefühl haben, es wird auf ihn gesetzt. Für ihn sind diese persönlichen Dinge fast wichtiger als die Aufstellung.

STEPHAN BALLACK: Aber er ist auch keiner, der alles macht, was man von ihm will. Das war er noch nie. Auch mir gegenüber nicht. Er hört sich vielleicht einen Rat an, aber er entscheidet immer selbst. Er würde zum Beispiel nie etwas machen, nur weil es ihm sein Berater, der Herr Becker, vorschlägt.

Er hat immer seine eigene Haltung. Und lässt sich eine Rückzugsposition offen, um sich nicht vereinnahmen zu lassen.

Das heißt aber auch, er braucht Sicherheiten?

STEPHAN BALLACK: In jedem Fall. Er wird nie ins Leere laufen oder Harakiri spielen, da haben wir keine Sorge. Da ist er noch so wie damals, als er schwimmen lernte und sich am Rettungsstab festklammerte: Er lässt nur dann los, wenn er genau weiß, dass es weitergeht. Dann zieht er es aber auch durch.

Ist er im Grunde genommen scheu?

STEPHAN BALLACK: Das hat eher mit Überlegung zu tun. Er weiß schon, wie das Geschäft funktioniert. Er hat ja etliche Stationen durch und weiß: Als Profi hast du knallharte Regeln. Er kennt die Regeln sehr gut und spürt ganz genau, wie weit er gehen kann.

Nun, vor der Weltmeisterschaft in Deutschland, ist das öffentliche Interesse an Ihrem Sohn noch größer. Und auch der Druck. Machen Sie sich Sorgen?

STEPHAN BALLACK: Sorgen? Nein, also in dem Sinn, dass man Furcht hat vor irgendwas, nicht. Er ist mittlerweile einfach weit genug gewachsen, um das auszuhalten. Es kann bitter kommen. Das wissen wir alle. Es kann ja bis zur Zerschlagung des ganzen Gebildes kommen: Wenn die Mannschaft kläglich spielt, wird man sie in der Luft zerreißen, Jürgen Klinsmann als Bundestrainer und Micha als Kapitän voneweg. Da müssen wir einfach vorbereitet sein. Und es kann andersrum kommen, dass Deutschland erfolgreich ist und Micha noch einmal einen Schub kriegt. Aber er hat gelernt, dass man für alles gewappnet sein muss. Ich glaube: Überraschen kann ihn nichts mehr.

120 **Mittagspause im Emirates Towers Hotel, Dubai:
Auch fern der Heimat muss man wissen, was über den FC Bayern in der Zeitung steht**

5
UNTER BAYERN

In München trifft er auf höchste Erwartungen. Als der Rekordmeister in die Krise taumelt, gilt Ballack als Sündenbock. *Nach Barcelona aber lässt man ihn nicht ziehen. Er wird Kapitän der Nationalelf, findet im* **Klub späte Anerkennung. Doch er hält stets Abstand – bis zuletzt**

MÜNCHEN

Bayern, sagt Ballack, ist nicht zu vergleichen mit anderen deutschen Vereinen. Der Erfolg ist größer, aber es gibt auch mehr Eitelkeiten – ein Balanceakt

Januar 2006, Trainingslager des FC Bayern in Dubai. Ballack kühlt die müden Beine

Gefürchtet für seine Kopfbälle: Zwei Kaiserslauterer tun, was sie können, um Ballack zu stoppen, Herbst 2005

MÜNCHEN

Er soll das Spiel machen und dazu Tore, kaum *zu vereinen – aber Ballack kann das wie wenige* in der Welt. In Deutschland gibt es sonst gar keinen

IM FOKUS

Simone und Michael am Starnberger See, Januar 2006. Sie fühlen sich hier mit ihren Kindern wohl, lieben den Abstand vom Fußballalltag

AUF DÜNNEM EIS

DIE MÖBELPACKER SIND IN EILE. GLEICH BEGINNT AM ANDEREN Ende der Welt das Halbfinale der WM, natürlich tragen sie als Erstes den Fernseher ins Haus – und merken: Da fehlt ein Kabel. Einer der Spediteure saust los, gerade rechtzeitig kehrt er zurück, und schließlich versammelt sich eine kleine Zuschauerschar vor dem Bildschirm: die Umzugshelfer, Ballacks Eltern und Simone Lambe, umgeben von Kisten, frisch gesandt vom Bergischen Land. Als Michael Ballack die verhängnisvolle gelbe Karte sieht, springt sein Vater auf und kniet vor dem Fernseher nieder: „Um Gottes willen!", ruft er. „Was ist denn mit dir los?", fragt Simone. Dann begreift auch sie. Und vier Minuten später schießt der Hausherr Südkorea aus dem Turnier. So wird das Haus der Ballacks am Starnberger See eingeweiht, 25. Juni 2002.

Drei Jahre später, Ende Juli. Die Bayern sind von ihrer Japan-Tour zurück, die Nacht haben sie im Flieger verbracht. Vorm „Leoni" legen die Ausflugsdampfer an, zu Füßen des Restaurants, am Ufer des Sees, Ballack ist hier in Berg zu Hause, einfach den Hügel hoch, wo man freien Blick auf die Alpen hat, er streckt im Leoni die Beine unterm Tisch aus und verschränkt die Arme hinterm Kopf, erzählt, wie die Japaner Manchester United umschwirrt haben und nicht die Bayern, die Sonne blinzelt durch die Wolken, und sein Berater Michael Becker ist der Erste, der dem Jetlag erliegt.

Der Neue präsentiert sich im Bayern-Trikot, Juli 2002. Er soll der starke Mann im Mittelfeld werden

Eine lange Saison liegt vor Ballack, am Ende steht die WM 2006, bis dahin will er sich längst entschieden haben, ob er bleibt, ob er wechselt. Er spricht vom Reiz, einmal ins Ausland zu gehen, noch mal von vorn anfangen zu müssen, mit Spielern im Team stehen wie Kaka oder David Beckham. Oder bei Bayern weitermachen und in ein paar Jahren hier alles beenden. Man ahnt, wie seine Tendenz ist, wenn man ihn so hört. Aber alles ist noch möglich, sagt er, er zeigt auf den See, auf die Gegend, meine Familie fühlt sich hier einfach wohl, sagt er, das muss alles bedacht sein. Und er streckt sich, jetzt hat auch ihn der Jetlag erfasst, doch zu Hause warten seine drei Söhne, und dann geht's ab.

Als er seinen Dienst bei Bayern München antrat, Juli 2002, war er stolz auf die Traumsaison mit Leverkusen, stolz auf die WM – und müde. Beim FC Bayern sagen sie heute noch, Ballack habe ein halbes Jahr gebraucht, ehe er sich von den Strapazen erholt hatte. „Der Michael hatte sich verausgabt bis zum Gehtnichtmehr", sagt Manager Uli Hoeneß. „Das war beeindruckend. Aber er hat sich dabei völlig übernommen." Und man hört heraus: Für uns hat er das bisher noch nicht getan. Sie sind nie richtig Freunde geworden, die Bayern und Ballack, in nun fast vier gemeinsamen Jahren.

Es war ein fremdes Land, das er betrat, 2002. Er kam als Weltstar von der WM nach München. Ins Reich des Oliver Kahn. Bester Torhüter des Erdballs, und vom FC Bayern so durchdrungen, dass ihn Hoeneß als seinen Nachfolger auserkoren hatte. Zu seinem Einstand verfolgte Ballack aus nächster Nähe, wie sich der Schlussmann im Leben verrannte. Kahn war in München über die Jahre zum Riesen geworden und bei der WM zu einer Art Halbgott. Nun, nach dem Turnier, ließ er sich in den schicken Clubs der Stadt bestaunen, seine Ehe scheiterte, und der Boulevard machte Kahn zu einer Mischung aus Luder und Titan, einer halb lächerlichen, halb furchteinflößenden Figur.

Die Münchner Welt strahlt, aber man kann blind werden davon. Das ist die Herausforderung bei Bayern: Man muss seiner eigenen Größe gewachsen sein. Ballack hat ein feines Gespür für Gefahren. Zu Vertrauten sagte er: Sagt mir bitte Bescheid, wenn ich mich verändern sollte. Er war mit seiner Familie an den Starnberger See gezogen, zwischen Zwiebeltürme und Seecafés. Nicht nach Grünwald oder Schwabing, wo man zu zeigen hat, wie reich und schön man ist. Ballack und Simone knüpften ein paar Freundschaften in der Nachbarschaft, ab und an ausgehen, golfen, Tennis spielen oder in die Berge, das geht auch ohne Schickeria. Drei Kinder haben sie, 4, 3 und 1 Jahr alt, alles Buben. Ballack nennt sie nur „meine Jungs". Der Mittlere, Emilio, gehe eher in seine Richtung, der freut sich, wenn er einen Ball vor die Füße bekommt, der Älteste und der Jüngste, Louis und Jordi, geraten eher nach seiner Frau, sagt er. Es sind wilde Burschen. Besucher erzählen, wie es zugeht im Hause Ballack, Louis fliegt quer durch die Luft zur Begrüßung, und alle schreien durcheinander. Simone ist eine offene, energiegeladene, geerdete Frau, hat denselben aufrechten Gang wie Michael, sie braucht wenig Anlauf, um mit Leuten ins Gespräch zu kommen. Wie ein eingespieltes Team wirken die beiden, sie frotzeln vertraut, auch wenn andere dabei sind, ihr Humor ist derselbe. Sie haben noch immer nicht geheiratet, aber sie antworten routiniert: Das holen wir demnächst nach.

Unser größtes Problem ist die mangelnde Zeit. Heute freue ich mich, wenn ich nach dem Training noch zwei Stunden mit meinen Jungs habe. Danach mache ich Schreibkram oder was sonst zu erledigen ist. Simone ist eher der künstlerische Typ, sie malt gerne, bastelt mit den Kindern, solche Sachen. Das ist übrigens wahnsinnig praktisch: Handwerklich habe ich nämlich zwei linke Hände, also macht Simone fast alles im Haus. Fußball ist bei uns selten ein Thema, ich sammele auch keine Videos von meinen Spielen. Simone sagt zwar immer, dass sie früher mit ihrem Vater oft auf dem Betzenberg war, aber ich bin mir über ihre Fußballbegeisterung nicht so sicher. Jedenfalls empfängt sie mich nie freudestrahlend und sagt: „Toll, Schatz, dass du ein Tor geschossen hast." Ich habe sie mal darauf angespro-

chen, da sagte sie: „Du bekommst doch eh schon so viel Lob dafür." Mittlerweile bin ich ganz froh darüber: dass ich zu Hause vom Fußball abschalten kann. Wenn sie so in der Öffentlichkeit stehen würde, wäre ich fanatischer in der Unterstützung, glaube ich. Für einen Partner ist es sehr schwierig, wenn der andere berühmt ist, zum Beispiel zu sehen, wie der eigene Freund von Mädels umschwärmt wird, weil er halt Fußballprofi ist. Am Anfang war dieser ganze Hype auch eine Sache, mit der wir lernen mussten umzugehen. Wichtig ist, dass die Beziehung stimmt, dann kann man das auch bewältigen.

Bei der „Bambi"-Verleihung 2005 zogen Simone und Michael gemeinsam in die Schlacht, manchmal muss man einfach raus ins grelle Licht. Sie drückten sich so lange vor dem Eingang herum, bis die Schauspielerin Veronica Ferres über den roten Teppich schritt. Ballack, seine Simone an der Hand, hoffte sich ohne viel Aufhebens durchstehlen zu können. Dann aber brüllten die Fotografen die beiden an, „aggressiv, mit einem Ton, das glaubst du gar nicht", erzählt er, sie blieben kurz stehen, aber zum Glück stolzierten hintendrein die Pooth und der Lagerfeld, und nichts wie weg. In der „SZ" stand anderntags: Ballack sei „aufreizend lässig" über den roten Teppich geschritten. So ist das Spiel. Wenn man Kapitän der Nationalelf ist, der größte Star des größten Vereins des Landes und durch Werbung Millionen verdienen will, muss man mitspielen. Ballack hat das gelernt: kurz eintauchen, Pflicht erfüllen. Und ab.

Frank Bauer ist noch immer ein guter Freund Ballacks, seines früheren Mitspielers. Er lebt als Maler in Chemnitz

Irgendwann gewöhnst du dich daran, dass die Leute auf dich schauen. Vor ein paar Jahren waren wir im Urlaub in den USA. Es war sonderbar – dieses Riesenland, so viele Menschen, und keiner dreht sich nach dir um. Ich kannte das gar nicht mehr.

„Alle zerren an ihm", erzählt Frank Bauer. „In der Öffentlichkeit hat er kaum eine ruhige Sekunde." Der Baui aus der KJS ist heute noch ein guter Freund Ballacks, der schnelle Stürmer, der auch Profi werden wollte und Maler wurde, als er merkte, es wird nichts. Er wohnt mit seiner Familie in Chemnitz, nah am Wald, im Südosten der Stadt, ihr Haus ist eingerüstet, gerade sind sie eingezogen. Irgendwann wird Ballack sicher auch vorbeischauen, aber wenn der Baui den Micha treffen will, muss er meistens nach München fahren, Ballack schafft es nicht sehr oft in die Heimat.

„Er nimmt das alles leicht", sagt Frank Bauer, „das war schon in der Schule so. Ich bewundere ihn dafür. Das Schöne an Micha ist, dass er uns zuhört, wenn wir uns treffen. Dass er sich für unsere Geschichten interessiert." Frank Bauer hat es aufgegeben, anderen Menschen zu erklären, dass Ballack der Alte geblieben sei, sagt er. „Jeder sieht den Micha so, wie er ihn sehen möchte. Da kommst du nicht gegen an."

Man gewöhnt sich daran. Es gibt diesen Preis, den man zahlen muss für den Ruhm. Als die Bayern 2005 ihre Meisterschaft feierten, in der Münchner Disco P1, entstand morgens um vier Uhr eine Rangelei zwischen Gästen und Profis, und

130 Manchmal müssen Ballack und Simone Lambe raus ins Rampenlicht. Sonst meiden sie gern den Rummel

MÜNCHEN

„Bambi", München 2005 (l.).
Mit Bill Clinton und Kofi Annan, Deutscher
Medienpreis, Baden-Baden, 2003

GLAMOUR

Sie hoffen, sich durchstehlen
zu können, dann aber
*brüllen die Fotografen, sie
bleiben kurz stehen, zum Glück*
stolzieren hintendrein die
Pooth und der Lagerfeld

April 2004: Ballack geht nach dem 0:2 in Dortmund vom Platz, beobachtet von Uli Hoeneß. Der Bayern-Manager hält bis heute seinen besten Spieler für „einen etwas misstrauischen Menschen"

Ballack sprang herbei, um zu schlichten. Anderntags lauteten die Schlagzeilen: „Ballack in Prügelei verwickelt." In solchen Fällen schaltet er die Anwälte ein. Aber er pflegt auch zu sagen: „Ich verdiene viel Geld, ich darf mich über die Nachteile nicht beklagen." Ob Bauer tauschen möchte mit seinem Freund, dem Fußballhelden? Er überlegt. „Nee", sagt er. „Der Preis wäre mir zu hoch."

Januar 2006, Trainingslager. Die Emirates Towers in Dubai mögen das beste Business Hotel des Vorderen Orients beherbergen, die Scheichs haben geladen, sie schmücken sich mit dem FC Bayern, aber gemütlich ist es nur am Pool, in der blauen Stunde, wenn das letzte Wüstenlicht die Hochhäuser umhüllt. Da draußen sitzt Uli Hoeneß, hier schmeckt die Luft nach Luft und nicht nach Klimaanlage, man sieht ihn kaum in der Dämmerung. Er spricht mit gedämpfter Stimme. „Es hat zwei, drei Jahre gedauert, bis Michael bei uns warm geworden ist. Erst jetzt, in seinem vierten Jahr, habe ich zum ersten Mal das Gefühl, dass er den FC Bayern und auch die Stadt richtig mag."

Mit Ballack braucht man viel Geduld, das hatten sie schon gelernt, als er 2001 unterschrieb. „Ja, ja", sagt Hoeneß, er lacht. Der Manager ist ein Mensch, der gerne etwas riskiert. Ballack aber reicht es nicht, wenn sich die Waage nur zu neigen beginnt. Das macht ihn zum Sonderling in dieser Branche, die so sehr von Bauchmenschen geprägt ist. „Bei Michael gibt es keine schnellen Entscheidungen. Das hat auch so drei, vier Monate gedauert, mit vielen Gesprächen. Das war so, wie er Schafkopf spielt. Bis er das Schell-Ass ausspielt, dauert das manchmal ein paar Minuten." Schon im Frühjahr 1999 hatten sie sich das erste Mal mit ihm getroffen, auf Vermittlung von Andreas Brehme. „Ich hatte damals nicht das Gefühl, dass er zu uns wollte", sagt Hoeneß. „Er hatte eine klare Vorstellung. Erst mal Leverkusen. Die nächste Stufe war Bayern und die übernächste Real Madrid. So empfand ich das."

Als er 2002 nach München kam, war seine Rolle festgelegt. Michael Ballack, 25, Vizeweltmeister, Deutschlands kommender Fußballer des Jahres, konnte nur eins sein: Nachfolger von Stefan Effenberg. Erst drei Jahre war es her, dass Otto Rehhagel über Ballack gesagt hatte, dieser Junge müsse „noch viel lernen", zwei Jahre, dass Christoph Daum auf ihn eingeredet hatte, mehr Verantwortung zu übernehmen. Aber der FC Bayern, das war jetzt nicht nur eine Chance. Das war auch eine Pflicht.

Der FC Bayern ist nicht zu vergleichen mit anderen Klubs. Da sind die Sitten rauer, die Spieler stehen extrem im Fokus, die Medien liefern sich eine harte Konkurrenz. Das ist eine ganz andere Dimension, da muss man sich als Spieler erst reinfühlen. Bei mir hat das ein bisschen gedauert, das gebe ich gerne zu. Das ist eben ein Prozess. Wer hierher kommt, fühlt sich als Star – und hat seine Ansprüche. Diese Mannschaft ist ein komplexes Gebilde, da gibt es viele Eitelkeiten. Früher versuchte ich mich immer erst mal stark zurückzuhalten, wenn ich neu in eine Mannschaft kam. Ich hatte nie diese Autorität, das Auftreten: Hier komme ich, und ihr orientiert euch auch an mir. Doch bei den Bayern wusste ich: Das musst du jetzt haben. Es fiel mir nicht so leicht. Aber das wird ja hier von allen Spielern verlangt, dass sie dieses Mir-san-mir-Gefühl verkörpern. Da braucht man sich nicht wundern, wenn sich solche Persönlichkeiten nicht ständig um den Hals fallen. Beim FC Bayern gibt es nur außergewöhnliche Spieler. Da muss man genau einschätzen, wie man sich positioniert.

Die erste Saison, 2002/2003. Natürlich maß man den Neuen am Alten, an Effenberg, diesem übellaunigen Despoten, der sich 2001 als treibende Kraft des Champions-League-Sieges ein Denkmal gesetzt hatte. Journalisten und Mitspieler diskutierten genüsslich, ob die Latte nicht zu hoch liege. Alles beäugte Ballack. In den Zeitungen berichteten sie, von welcher Marke die Strickjacke sei, die er nach dem Training trug. Jeden Tag dieselben Fragen nach Effenberg. Sie schrieben, welche Pralinen er im Flugzeug aß. Und dass auf ihn „der Druck wächst", da hatte er noch keine zwei Bundesligaspiele für seinen neuen Klub bestritten. Die Bayern schieden in seiner ersten Saison zwar in der Champions League in der Vorrunde aus, doch sie gewannen hoch überlegen die Meisterschaft mit 16 Punkten Vorsprung, und im Pokalfinale brillierte Ballack mit zwei Toren beim 3:1 gegen Kaiserslautern.

Als wir in der Champions League Probleme bekamen, begann sofort die Diskussion, dass ich kein Effenberg sei. Aber das war abzusehen, wenn solch ein Spieler einen Verein verlassen hat, Uli Hoeneß lässt den Namen ja heute noch manchmal fallen. Wenn du sagst: „Ich bin ein ganz anderer Spielertyp", akzeptiert das keiner. Aber dann haben auch sie gemerkt, dass ich viele wichtige Tore schieße. Da war erst mal Ruhe. Wir holten in meinem ersten Bayern-Jahr das Double, und ich wurde in meinem ersten Bayern-Jahr zum zweiten Mal zum Fußballer des Jahres gewählt. Ganz so schlecht kann ich nicht gewesen sein. Das Problem war sicher, dass der FC Bayern eine Erwartungshaltung an meine Verpflichtung hatte. Sie suchten einen Effenberg-Ersatz, dabei bekamen sie Ballack.

Das Problem offenbarte sich in der zweiten Saison 2003/2004. Es hatte sich im Vorjahr angedeutet: Zu ruhig sei Ballack, sagten da manche, kein Leader. Keiner, der die anderen zum Sieg zwinge. Die Bayern liefen bald schon Werder Bremen hinterher, schieden im März in der Champions League saftlos gegen Real Madrid aus. Nun legten die Kritiker los. Und es gab, bis Trainer Ottmar Hitzfeld im Mai gefeuert wurde, in der Krise vor allem einen Schuldigen: Michael Ballack.

Hitzfelds Mut war komplett geschwunden, sein Spielsystem erstarrt, ein ängstliches 4-4-2, ob gegen Alemannia Aachen oder Real. Es zermürbte nicht mehr die wichtigen Gegner. Dafür Publikum, Spieler, Vorstand. Hitzfeld sah Ballack als Spielverwalter vor der Abwehr, während Vorstandschef Karl-Heinz Rummenigge mäkelte, dass Ballack nach vorne zu wenig Ideen entwickle. Er soll das Spiel machen und dazu Tore, kaum zu vereinen, genau dafür aber wird Ballack teuer bezahlt, das kann er wie wenige in der Welt. In Deutschland gibt es sonst gar keinen. Eine absurde Debatte um seine ideale Position entstand. Immer wieder erwähnte Ballack, dass er einen spielstarken Partner brauche, eine „10" vor sich, doch da klaffte ein Loch von der Größe Hollands, und erst dahinter lauerte Roy Makaay. Ballack aber ist auf eine Anspielstation angewiesen, um selbst in die Spitze stoßen zu können.

Es kam von allen Seiten: Sie hatten Ballack mit garantierten Werbemillionen zum FC Bayern gelockt – und benörgelten seine Werbepräsenz. Sie holten sich den wichtigsten Mann der Nationalelf und wetterten, dass er sich nicht für die Bayern schone. Ballack wirkte überspielt, war oft verletzt, aber Hitzfeld brachte ihn auch angeschlagen, weil er nicht auf ihn verzichten wollte. Im Boulevard bekam Ballack Dauerfeuer. Die Münchner sind sehr geschickt darin, Politik über die Medien zu betreiben, sie streuen jene Nachricht hier, diese Meinung dort. Ballacks Berater Becker beherrscht das auch. Als sein Klient samstags im ZDF-„Sportstudio" von Hoeneß kritisiert wurde: „Ballack kann nicht laufen, er ist nicht fit", setzte Ballack zwei Tage später im „Kicker" den Konter: „Dann lasst mich nicht spielen." Mangelnde Selbstkritik, schimpften viele. Vielleicht ist es aber auch die trockene Logik des Michael Ballack.

Trainer Ottmar Hitzfeld schützt Ballack 2003/2004 vor Kritik, zwängt ihn aber ins taktische Korsett

In Krisenzeiten leistet man sich beim FC Bayern keine Sentimentalität. Schon gar nicht bei einem Star, der ums Verrecken nicht aufgehen will in ihrem Kosmos, der nicht permanent erklärt, Bayern sei das Höchste der Gefühle. Ballack ist der professionellste Bayern-Spieler, was Termine und Disziplin angeht, heißt es im Klub, aber als Mensch halte er sich fern. Arbeit ist für ihn Arbeit, und der FC Bayern kein Lebensgefühl. Er verdient angeblich fünf Millionen Euro im Jahr: Entweder geht so einer ab wie eine Rakete – oder er kann gehen. Die Bayern lieben nur jene, von denen sie geliebt werden. Etwa den dauerverletzten Scholl. Den irrlichternden Kahn. Den aufopferungsvollen, aber limitierten Jeremies.

Das Licht in Dubai schwindet schnell, Uli Hoeneß sitzt fast im Dunkeln. Wenn Ballack sich nur öffnete, lernte, mehr Nähe zuzulassen, „könnte er eine große Persönlichkeit in unserem Land sein, wie Max Schmeling und Boris Becker, als er noch aktiv war. Aber das sind alles Menschen, die Emotionen gezeigt, die zugelassen haben, dass man mit ihnen leidet oder sich freut. Ich kritisiere das nicht. Ich stelle nur fest: Ballack tut sich unheimlich schwer, totale Emotionen zu zeigen. Es wäre schön, wenn er mal sagte: Mein Herz hängt am FC Bayern". Wie Ballacks Distanz zu erklären sei? „Da weiß ich zu wenig über ihn", sagt Hoeneß. „Ich kenne weder sein Elternhaus, ich kenne nicht seine Erziehung, ich kenne nicht seine Schule, ich kenne nicht sein Umfeld. Aber das hat mich auch nicht zu interessieren."

Eine Verwurzelung, das wäre für den Verein ein Idealzustand, den ich sicherlich bei Bayern auch erreichen könnte. Aber ob ich das unbedingt will, diese Glorifizie-

MÜNCHEN

Ballack ist der professionellste Bayern-Spieler, was
Termine und Disziplin angeht, heißt es im Klub, aber a
für ihn Arbeit und der FC Bayern kein Lebensgefühl

Dezember 2005, Köln, Auftritt beim Jahresrückblick von stern TV: Ballack wird in der Maske zurechtgemacht (r.), links: Warm-up fürs Interview von Günther Jauch. Daneben: auf dem roten Teppich, Oktober 2003, München, Kinopremiere von „Bad Boys II". Mitte: Im Büro seines Beraters finden sich Ballack-Puppen – ein Extra-Geschäft

MÜNCHEN

rung? Auch Franz Beckenbauer ist damals vom FC Bayern ins Ausland gegangen, genauso Karl-Heinz Rummenigge. Mir war es aufgrund meiner sportlichen Entwicklung nicht möglich, zehn Jahre bei ein und demselben Verein zu spielen. Am Ende der Saison 2003/2004 wurde ich fast täglich öffentlich angegriffen, das ging mir einfach nur noch auf den Wecker. Vor allem, weil ich mich als Sündenbock für Fehler fühlte, für die ich gar nicht verantwortlich war. Da bin ich dann aber auch stur. Das ist eine Sache der gegenseitigen Anerkennung. Einerseits verlangt man Loyalität und Vereinstreue. Okay, verstehe ich. Auf der anderen Seite aber sind es doch wir Spieler, die als Erste ausgetauscht werden. Wenn du deine Leistung nicht mehr bringst, bist du doch normalerweise weg. Dann wirst du fallen gelassen wie eine heiße Kartoffel. Der FC Bayern ist ein extrem ergebnisorientierter Verein. Sobald da zwei Spiele in Folge verloren gehen, ist sofort die Krise da. Mir wurde es damals zu viel. Es gab schließlich dieses Gespräch beim Sterne-Koch Alfons Schuhbeck. Wir feierten den Saisonabschluss, aber in mir gärte es. Also nahm ich Uli Hoeneß zur Seite. Wir gingen in die Küche. Ich sagte, dass ich es nicht gut fände, dass bestimmte Sachen über mich permanent in die Öffentlichkeit gelangten. Dann sprachen wir uns aus. Und wir merkten, dass wir unterschiedliche Meinungen über meine Rolle hatten. Uli Hoeneß verteidigte seine Ansicht und sagte: „Wenn du dich da nicht einsichtig zeigst, haben wir ein Problem. Dann bist du kein Spieler für den FC Bayern." Und ich antwortete: „Dann bin ich eben kein Spieler für den FC Bayern." Wir sind aufgestanden und sagten: „Okay, dann müssen wir uns trennen." Und mit dieser klaren Ansage bin ich nach Portugal zur Europameisterschaft gefahren. Ich hatte schon fast abgeschlossen mit dem Kapitel Bayern.

Es war dieselbe Konsequenz, die Ballack einst bei Otto Rehhagel in Kaiserslautern gezeigt hatte. Er ist harmoniebedürftig, er sucht den Konflikt nicht, aber er kann auch erstaunlich hart sein. Wenn er sich ungerecht behandelt fühlt, gekränkt ist, schlägt er zurück. „Man hat mich im Regen stehen lassen", warf Ballack den Bayern vor – es war einer seiner ganz seltenen öffentlichen Ausbrüche. Aus dem schüchternen Chemnitzer Bub war endgültig ein Mann geworden, der sich zu wehren weiß. Und für Deutschland, nur eine Woche nach dem Disput mit Hoeneß, schoss er beim 7:0 gegen Malta gleich vier Tore in einem Spiel, eine Leistung wie ein Ausrufezeichen.

Ballack wollte nur noch weg. Und der FC Barcelona wollte ihn verpflichten. Barcas Vizepräsident Sandro Rossell reiste nach München, man traf sich im Grünen, redete, einigte sich. Barca bot eine ordentliche Summe, um Ballack zwei Jahre vor Ablauf seines Vertrags loszueisen: 18 Millionen Euro. Nur noch sein Arbeitgeber musste mitspielen. Aber der FC Bayern äußerte sich wochenlang so: Man schwieg.

Erst nachdem Ballack bei der EM in Portugal überzeugt hatte, trotz eines schwachen deutschen Teams, Vorrunden-Aus, kam es zum finalen Gespräch. Wir sind uns einig mit Barcelona, verkündete Becker. Plötzlich ging Rummenigge aus dem Raum, telefonierte und kehrte mit der Nachricht zurück: Ballack ist unverkäuflich. Die EM hatte gezeigt: Er ist mit Abstand der beste deutsche Fußballer. So einen abservieren? Das können sich selbst die Bayern nicht erlauben. Und das war das Dilemma dieser schwierigen Ehe: Sie konnten sich nicht trennen, doch keiner der Partner war glücklich mit dem anderen. So scheiterte der Deal in letzter Sekunde, weil Bayern den Vorwurf fürchten musste, vor der WM 2006 im eigenen Land den potenziellen Helden vergrault zu haben. „Wir haben uns einfach nicht getraut", sagt Hoeneß heute.

Im Sommer 2004 war das Ding völlig verfahren. Ich weiß, Barcelona war bereit, deutlich mehr als 20 Millionen Euro Ablöse zu zahlen. Und das war den Bayern vielleicht zu wenig, deshalb ist der Transfer nicht zustande gekommen. So dachte ich zumindest damals. Ich hatte mich auf Barcelona schon sehr gefreut. Aber man muss das Leben nehmen, wie es kommt.

Ob Ballack enttäuscht war? Darüber spricht er nicht, auch nicht zwei Jahre danach. Den Bayern aber teilte er mit: Dann werde ich meinen Vertrag auf jeden Fall bis 2006 erfüllen. Es war der entscheidende Augenblick, die Chance für eine Versöhnung. Die Bayern hätten sagen können: Du bist unser Mann. Wir verlängern vorzeitig um weitere zwei Jahre, bis 2008, wir glauben an dich. Es wäre der Vertrauensbeweis gewesen. Aber vom FC Bayern kam nichts.

Es war wieder der Trainer der Nationalmannschaft, der Ballack stärkte. Jürgen Klinsmann war Völlers Nachfolger geworden. Als erste Amtshandlung machte er Ballack zum Kapitän, anstelle von Oliver Kahn. Das war das Zeichen: Ballack ist unser Anführer. Wenn einer den jungen Spielern Mut geben kann, dann er. Und zugleich stutzte Klinsmann damit Kahn zurecht. Beim FC Bayern änderte sich nichts, Kahn blieb Spielführer. Sie wollten den alternden Tormann schützen, nach dessen Entmachtung durch Klinsmann, versäumten es aber, Ballack aufzubauen. In der Nationalelf hatte der sich innerhalb weniger Jahre zur überragenden Persönlichkeit entwickelt. Noch vor der WM 2002 hatte Ballack gesagt: „Ich bin zu jung, um Chef zu sein." Nun war er es, keiner zweifelte daran, und er selbst sagte Ende 2004: „Meine Rolle hat sich gewandelt, das ist klar. Ich bin jetzt derjenige, der voraneg marschieren muss." Die Kapitänsbinde gab ihm noch mal einen Schub, man erlebte das beim Confed-Cup im Sommer 2005. Wer Ballack kennt, weiß den Grund: Seit Völlers Zeiten findet er in der DFB-Auswahl vollkommenes Vertrauen. Und beim FC Bayern? Vor allem Skepsis.

Deswegen gibt es auch in der öffentlichen Wahrnehmung zwei Ballacks. Den Nationalspieler, der die deutsche Mannschaft 2006 zum Weltmeistertitel schießen soll – und dem man das tatsächlich zutraut, der Einzige, der den Fans Hoffnung gibt, bundesweit anerkannt. Auf der anderen Seite den umstrittenen Star der Bayern, von dem sie in München prinzipiell immer ein bisschen enttäuscht zu sein scheinen.

MÜNCHEN

1. November 2003, Zweikampf mit dem Kölner Kringe, nichts geht: nur 2:2 gegen den späteren Absteiger
2. Oktober 2005: Zé Roberto (l.) und Ballack jubeln über das 4:0 gegen Duisburg
3. Juni 2005: Beim Confed-Cup spielt Kapitän Ballack stark, trotzdem verliert Deutschland 2:3 gegen Brasilien
4. März 2005: Nach dem 0:1 auf Schalke machen die Bayern Sagnol (l.) und Ballack Schiedsrichter Fandel deutlich, dass sie manche Entscheidung unglücklich fanden
5. November 2005: Auch der Franzose Thuram kann Ballack nicht halten
6. November 2005: Ballack setzt sich in Turin gegen Emerson durch, seinen früheren Bayer-Kollegen

Nach seinem Treffer zum 1:0 gegen Duisburg, Oktober 2005, grüßt Ballack die Kritiker, die ihm sein Zögern in den Vertragsverhandlungen vorwerfen

MÜNCHEN

Manche Profis, etwa Roy Makaay, tun nicht viel, und die Fans rufen ihren Namen. Ballacks Namen rufen die Bayern-Fans nicht. Vereinsfans wollen Leidenschaft sehen oder wenigstens kauzige Typen, dann können sie lieben. Ballack ist ein nüchterner Mensch. Die ihn mögen, sagen: Er ist klar. Die ihn nicht mögen, sagen: glatt. Er will kein local hero sein. „Dann hätte ich in Chemnitz bleiben müssen", sagt er.

Noch warten sie beim FC Bayern auf ein Durchbeiß-Match auf großer Bühne, wie Ballack es im November 2005 für Deutschland gegen Frankreich abgeliefert hat, Paris, Stade de France, als er sich nach wenigen Minuten am Oberschenkel verletzte, Schmerzen hatte, weitermachte und beim 0:0 trotzdem zum besten Spieler wurde. Es ist ganz sicher eine Frage des Rückhalts. Beim FC Bayern halte er sich zu oft zurück, sagen die Klubgewaltigen. Mit Schimpf und Schande werden sie kurz später, Anfang März, in der Champions League beim AC Mailand ausscheiden, wieder kein Ballack, der es alleine rumreißt. Es bleibt der stets schwelende Verdacht: Sie kriegen ihn zu selten mit Haut und Haaren. Einmal aber hat er sie beeindruckt. 9. März 2005, Highbury-Stadion, Arsenal gegen Bayern, Rückspiel im Achtelfinale, das Hinspiel hatte München 3:1 gewonnen. Die Bayern kontrollieren das Spiel, dann aber, 66. Minute, aus dem Nichts, macht Arsenal das 1:0. Highbury erwacht, will seine Männer nach vorne brüllen. Patrick Vieira bekommt den Ball am Mittelkreis, Arsenals hünenhafter Anführer. Und Ballack grätscht ihn um, einfach so, ein grobes Foul. Doch das Zeichen zum Sieg. „Darum geht es", sagt Hoeneß. „Das hat er nicht für sich getan, sondern für die Mannschaft. Solche Aktionen brauchen wir."

Champions League, Achtelfinale: In Highbury legt sich Ballack mit Arsenals Kapitän Vieira an, März 2005. Und Bayern kommt weiter

Bei jenem Spiel saß Bastian Schweinsteiger nur auf der Bank, was dem jungen Nationalspieler immer stinkt wie noch was. Aber er nutzt das. Er will lernen. Er beobachtet Ballack. Wie er sich bewegt. Wann er welchen Pass spielt. An die Szene mit Vieira kann er sich genau erinnern. „Da hat er gezeigt, er legt sich auch mit denen an", sagt Schweinsteiger. „Davor hat er keine Angst. Vieira und Ballack haben sich richtig bekriegt. Und der Balle hat gewonnen." Auf dem Platz gebe ihm Ballack ein Gefühl der Sicherheit, sagt Schweinsteiger, „das pusht dich, wenn du siehst, wie er in den Zweikampf reingeht. Mit derselben Energie gehe ich dann in den nächsten Zweikampf. Und der wankt nicht, wenn es schwierig wird." Aber Ballack fordert ihn auch. „Ab und zu ist es schon hart, wenn du angefaucht wirst und stehst blöd da. Aber er hat ja Recht. Michael will halt, dass ich noch besser werde, dass ich nicht aufhöre zu arbeiten." Und wenn alles schief läuft, ruft Ballack ihm nur zwei Wörter zu: „Mach weiter."

Seit Winter 2002 ist Schweinsteiger, 21, im Profikader des FC Bayern, seit Juni 2004 ist er Nationalspieler. Und all die Zeit sei Ballacks Akzeptanz bei seinen Mitspielern gestiegen. „Früher haben sie in München immer gesagt: Er ist kein Anfüh-

Hinter den Kulissen bei RTL, „2005 – Menschen, Bilder, Emotionen": Bastian Schweinsteiger (r.) muss gleich auf die Bühne, Ballack hat noch Zeit

MÜNCHEN

rer. Aber ich denke, das ist er längst. Es ist einfach so gekommen. Es ist immer mehr geworden, und jetzt hat er seit längerem die totale Verantwortung." Schweinsteiger lacht verlegen. „Er ist unser Chef." So sehen das die Jungen im Team, die in den Machtkämpfen des FC Bayern noch keine große Rolle spielen. Schweinsteiger ist jemand, der neben dem Bayern-Ballack auch den Bundes-Ballack kennt – und er unterscheidet nicht zwischen den beiden.

Es ist schwer zu sagen, ob Ballack im Klub wirklich schwächer spielt als im deutschen Trikot. Ob er weniger heraussticht, weil der FC Bayern besser besetzt ist. Ob er einfach weniger gewürdigt wird. Oder ob all das zusammenhängt.

Bayern-Trainer Felix Magath, Hitzfelds Nachfolger, hat eine Theorie, „warum Ballack bei Bayern bisher noch nicht am Maximum dessen ist, was er leisten kann". Sie basiert im Wesentlichen darauf, dass Ballack traumatisiert ist durch jene Saison 2003/2004. „Ich fürchte, dass damals etwas zerstört wurde im Verhältnis zwischen Spieler und Klub", sagt er. Magath ist ein unberechenbarer Typ, dessen hervorstechendster Charakterzug ist, dass er alles zu berechnen versucht. „Ich habe das Gefühl, Ballack hat sich in diesem Jahr einiges vorgenommen", sagt Magath nach einem Training, Februar 2006. „Ihm fehlt bis jetzt als letztes I-Tüpfelchen die Identifikation mit seinem Verein. Ich erhoffe mir, wenn er sich für Bayern entscheidet, dass er dann auch voll den Verein lebt. Das wird ihn noch mal einen Schritt nach vorne bringen. Und wenn er wechselt? Dann bin ich gespannt, ob er das packen wird."

Felix Magath, seit Juli 2004 Bayern-Trainer, gibt Ballack viele Freiheiten – Kapitän aber bleibt Oliver Kahn (r.)

Magath hat Ballack immerhin mit dem Bayern-Spiel versöhnt. Die Münchner wurden im Mai 2005 überlegen Meister, gewannen auch den Pokal, im ersten Jahr unter Magath. Ballack ist bei ihm der Mann für den Rhythmus – und wieder ein Mann für wichtige Tore. Der Trainer kann verblüffend lange schwärmen von Ballacks Qualitäten vor dem Kasten, von seiner Ausdauer, von seiner Beidfüßigkeit. Man erkennt den gestrengen Coach in diesen Augenblicken kaum wieder. Aber das Lob mündet bald in behutsame Kritik. Denn als Spielmacher sieht Magath ihn nicht, aber das muss nicht viel heißen, Magath, Spielmacher alter Schule, lässt so ziemlich keinen als Spielmacher gelten, Netzer hat nichts gewonnen, Cruyff auch nicht, und Maradona war zu oft zu dick. So in etwa.

„Die Ziele sind höher als letztes Jahr, als ich die Mannschaft übernommen habe", sagt Magath, und damit meint er die Champions League, das ist sein Traum, als Spieler hat er sich diesen Pokal einst geholt, 1983 mit dem Hamburger SV, Fernschuss Magath, 1:0 gegen Juventus Turin, irgendwann will er das mit dem FC Bayern erreichen. An diesem Tag ist das peinliche 1:4 beim AC Mailand noch Wochen entfernt, das enttäuschende Aus 2006, für Magath, die Bayern und Ballack. Natürlich will der den Cup auch holen, eines Tages. Für ihn ist nur die Frage: mit welchem Klub?

Januar 2006. Zwischen den Trainingseinheiten schlendert Ballack über den Strand des Jumeirah Beach Club, Dubai. Flache Tore liegen im Sand, erstklassige Netze, man kann wunderbar einen Ball reinbolzen. Wenn jetzt meine Jungs da wären, könnten wir zwei gegen zwei spielen, sagt Ballack, das wär's. Er legt sich in eine Hängematte, zwischen die Palmen gespannt, keine drei Stunden, und ihm wird im Training unter der arabischen Wintersonne wieder der Schweiß rinnen, 25 Grad, warum hat er auch immer die lange Jacke an? Noch hat er keine Entscheidung gefällt, aber er wirkt sehr entspannt, als belaste ihn die Ungewissheit wirklich nicht.

Im Sommer 2006 läuft Ballacks Vertrag aus, er kann dann ablösefrei wechseln. Für einen Spieler der Weltklasse ist dies mehr als ungewöhnlich, um nicht zu sagen: kaum zu fassen. Ein Versagen der Bayern-Strategen: Andere Spitzenklubs Europas statten ihre Topspieler frühzeitig mit langfristigen Verträgen aus – oder verkaufen sie vor Ablauf gegen Bares. Die Bayern wollten Ballack weder gehen lassen noch seinen Vertrag frühzeitig verlängern, 2004. Nun lässt er sie zappeln, ob er doch einschlägt oder den Verein verlässt. Ballack kann sehr konsequent sein.

Der wartet, so schätzt Hoeneß, ob ein anderer großer Klub das ersehnte Angebot macht, es ist Ballacks letzter großer Vertrag, im September wird er 30. „Ich habe Verständnis für seine Überlegung", sagt Hoeneß. „Auch wenn zu fragen wäre, was für Argumente heute denn noch für Real sprechen, außer dem weißen Trikot." Das weiße Trikot aber ist es, das Ballack lockt. Der Mythos Real. Oder doch die Power von Chelsea, mit seinem faszinierenden Trainer José Mourinho?

Dieser Spieler ist kaum zu ersetzen, und wenn, dann nur für sehr viel Geld, die Bayern haben das natürlich bemerkt. Und so kamen sie mit ihrem Notplan im Sommer 2005, nach dem Confederations Cup, bei dem Ballack im DFB-Dress, kruzifix!, schon wieder geglänzt hatte. Bevor er sich an einen anderen Klub binden konnte – die Fifa untersagt Verhandlungen in einer laufenden Saison vor dem 1. Januar –, unterbreiteten sie dem Spieler ein Angebot für vier Jahre, mit 36 Millionen Euro Gehalt plus Prämien. Eine Rekordsumme für den Rekordmeister, der einzige Haken: Ballack sollte sich bis zum 14. November entscheiden, dem Tag der Jahreshauptversammlung des FC Bayern.

Obwohl Ballack immer wieder betonte: Ich lasse mir Zeit!, entstand in der Öffentlichkeit der Eindruck eines Ultimatums. Und so traf man sich an jenem 14. 11. zum Frühstück, neun Uhr, Vorstandsetage, alle waren bester Laune, bis Ballack höflich sagte: „Ich weiß es noch nicht." Am Abend eröffnete Vorstandschef Rummenigge den Mitgliedern, Ballack habe sich nicht entschieden. Gegrummel unter den bierseligen Fans. „Bleiben Sie ruhig", sagte Rummenigge, „der FC Bayern hat sein Angebot zurückgezogen." Der Applaus war rhetorisch perfekt erzwungen. Und Ballack für Bayerngläubige von nun an der „Raffzahn". Es ist das alte Prinzip der Münchner: Kein Spieler ist so groß wie der Klub. Andere Stars dürfen zaudern, sogar woanders anban-

MÜNCHEN

„Alle zerren an ihm, in der Öffentlichkeit hat er kaum eine
ruhige Sekunde – aber Michael nimmt das alles leicht"

Frank Bauer, Ballacks Jugendfreund

Auch in Dubai haben die Bayern ihre Fans (l.). Zwischen zwei Einheiten entspannt sich Ballack in der Hängematte

Morgens von Dubai in den Iran, nachmittags Testspiel, abends vom Iran zurück nach Dubai. Die Bayern warten am Flughafen von Teheran

MÜNCHEN

PFLICHT

Früher meinten sie in München, er sei kein Anführer, *sagt Schweinsteiger, aber das ist er längst. Er hat jetzt die* totale Verantwortung. Ballack ist der Chef der Bayern

MÜNCHEN

deln, wie Willy Sagnol, und dennoch einen üppigen Vertrag einstreichen. Bei Ballack, der so sehr sein eigenes Ding zu machen scheint, schalten die Münchner auf stur.

Die, die ihm nahe stehen, sagen: Ballack hat das als Demütigung empfunden, als Bloßstellung. Er ist ein loyaler Mensch, aber wie loyale Menschen sind: Wenn sie sich verraten fühlen, trifft sie das ins Mark.

Nein, ganz so nachtragend bin ich nicht. Aber eins stimmt: Ich verstehe Fuß-ballprofisein zwar als einen Job, aber auch für mich ist entscheidend, dass man sich wohlfühlt bei dem Verein, Geborgenheit spürt. Dass man sagt, man ist will-kommen. Die Kritik, die jetzt kommt, die ist mir wurscht. Gott sei Dank, sonst machst du nämlich Fehler. Ich will mir nicht vorwerfen müssen: Nur weil ich sau-er war, habe ich eine emotionale Entscheidung getroffen, ich war nur zu eitel, noch einmal zum Vorstand hochzugehen. Das darf keine Rolle spielen. Und wenn die Bayern sagen, es ist vorbei, ist das mein Risiko, das ich trage.

Seit jenem November ist in Sachen neuer Vertrag Funkstille. Man belauert sich wie zwei Schwergewichtler, die beide den Kopf hinter den Fäusten verschanzt ha-ben. Ballacks Berater Becker nennt das „Augenhöhe". Und die Bayern ärgern sich, dass Ballack nicht aus der Deckung kommt.

Vielleicht ist der auffallende Widerspruch zwischen dem Profi und dem Privat-mann der Grund, warum beim FC Bayern viele Ballack nicht zu verstehen glauben. Wenn es nicht um Verträge geht, wenn keine Mikrofone in der Nähe sind, ist Ballack ein kumpelhafter, gewinnender Typ, der gerne Anekdoten erzählt. Seine Freunde sagen: Es gibt keinen besseren Witzeerzähler als den Micha. Doch sobald das Thema auf etwas Geschäftliches schwenkt, verwandelt sich Ballack, von einer Sekunde auf die nächste wird er wortkarg. Er blinzelt erst, und dann guckt er einen nur noch an, forschend. Er sagt nichts. Man spürt nur seine Alarmbereitschaft.

Hoeneß' Büro in München ist deftig eingerichtet, warmes Holz, von den Sesseln schaut man auf die Trainingsplätze. Die Spieler können jederzeit vorbeikommen. Vielen gilt der Manager als väterlicher Freund, auf sein Wort ist Verlass. Hoeneß sieht den Weltklub als große Familie – und sich als Patron. Umso enttäuschter ist er, wenn einer seine ausgestreckte Hand nicht annimmt. Vor allem, wenn dreieinhalb gemeinsame Jahre daran nichts geändert haben und es der beste Mann ist. „Ballack setzt sich in jeder Mannschaft der Welt durch, da bin ich mir sicher", sagt Hoeneß. „Aber er könnte noch mehr. Michael hätte sich ja mal bei mir einen Rat holen kön-nen, ob er bleiben soll. Ich hätte ihm gesagt: Jetzt sage ich dir die ehrliche Meinung des Managers und jetzt die ehrliche Meinung des Uli Hoeneß, und die kann mög-licherweise total differieren. Da hat er, finde ich, a) zu wenig Menschenkenntnis und b) zu wenig Vertrauen in die Menschheit. Er ist mir etwas zu misstrauisch. Ich glaube, er lässt sich von relativ wenigen Leuten was sagen – um nicht zu sagen, von gar niemand."

Natürlich gehe ich nicht zu Uli Hoeneß. Weil ich weiß: Uli Hoeneß ist der FC Bayern. Ich will ja für mich eine Entscheidung treffen. Ich weiß doch, was ich am FC Bayern habe, das muss mir Uli Hoeneß nicht sagen. Er ist ein großer Rhetoriker. Das weiß ich, aber vielleicht will ich ja gar nichts hören? Ich vermeide das ganz bewusst. Ich weiß doch: Wenn ich dreimal in der Woche zu Uli Hoeneß hochgehe, unterschreibe ich nach vier Wochen. Aber ich will einfach neutral meine Meinung bilden. So wie es für mich am besten ist. Ich muss ja mit dieser Entscheidung leben. Dass ich mir keine anderen Meinungen einhole, das stimmt nicht. Die Frage ist, warum Uli Hoeneß so etwas sagt. Auf der Weihnachtsfeier 2005 hat er vor allen Gästen behauptet, ich würde mich nicht hundertprozentig mit dem Verein identifizieren. Das hat mir nicht besonders gefallen, das ist doch klar. Er sagte: „Ich finde es sehr schade, Michael, dass du in den zwei Jahren, die du hier bist" – ich bin drei da – *„nie so richtig in den Verein reingewachsen bist. Wir hoffen, dass wir eine Lösung finden, die für alle zufrieden stellend ist." Das fand ich schon eine heftige Aussage.*

Wie zwei Boxer, die sich belauern: Uli Hoeneß fragt sich, warum Ballack nie aus der Deckung kommt

Februar 2006. Ganz hinten im „Brenner" in der Maximilianstraße sitzt Ballack, bestellt Tintenfisch und Rindsfilet, er putzt seine Portionen mit dem Hunger des Athleten weg. Dazu eine Cola light, eisgekühlt, wenn's geht, und danach zwei Cappuccini. Er sitzt auf dem Platz, an dem sonst Kahn sitzt, und Lizarazu war heute auch schon hier, zwei ewige Bayern. Ins Lokal kam Ballack nicht geschritten, er ging einfach hinein, suchte keine Blicke, wich ihnen aber auch nicht aus.

Ballack äußert sich in der Öffentlichkeit nicht zum Vertragspoker. Er ist klug genug, um zu wissen: Er bewegt sich auf sehr dünnem Eis. Er lässt lieber Taten sprechen, in diesen Wochen trifft er, trifft und trifft. In seiner Karriere hat er sich bei Vereinswechseln nie für den Bewerber mit dem größten Namen entschieden, sondern immer für einen Schritt mit Augenmaß. Doch nun, vor seiner letzten Station, peilt er Europas Gipfel an. Viele empfehlen ihm, in München zu bleiben, da er doch woanders all diese Kämpfe neu ausfechten müsse. Aber vielleicht reizt mich ja genau das, sagt Ballack, noch mal ganz von vorn anzufangen.

Ein paar Wochen später, Mitte März, scheint es fast sicher: Ballack wird zum Chelsea FC wechseln, angeblich für das höchste Gehalt der Fußballgeschichte. Dessen Trainer Mourinho sagt: „Ich will Ballack." In München sagen sie: Er ist so gut wie weg.

Wenn er wechselt, werden beide Seiten, der FC Bayern und Ballack, nicht behaupten können, sich gegenseitig zum Höchsten getrieben zu haben. „Erst in London oder sonst wo wird er merken, was er an München hatte, das wird später seine Heimat sein", prophezeit Uli Hoeneß. Aber wenn Ballack nicht geht, wird er vielleicht nie wissen, wie weit ihn sein Talent tragen kann.

6
DER KAPITÄN

Bald beginnt sie, die große WM 2006 in Deutschland. Bundestrainer Jürgen Klinsmann hat ihn zum Anführer *ernannt. Die Erwartungen des ganzen Landes ruhen nun auf Ballack. Ein Versagen wird man ihm* schwer verzeihen. Aber er hat gelernt, Druck auszuhalten

Der Mann mit der Binde blickt skeptisch. Doch beim 0:0 in Frankreich überzeugt Deutschland

Beim Spiel um Platz drei des Confederation Cups gegen Mexiko hat Ballack das entscheidende Tor zum 4 : 3-Sieg geschossen. Fabian Ernst, Robert Huth und Torsten Frings (v. l.) jubeln mit. In der Nationalelf ist Ballack der erfolgreichste Torschütze

EINER FÜR ALLES

UND SO STELLEN WIR SIE UNS VOR, DIE HERRLICHE WM 2006, die deutschen Festspiele: Im Achtelfinale grätscht Ballack Frank Lampard weg, so gründlich, dass der Engländer das ganze Match nichts mehr auf die Reihe kriegt, später köpft er das entscheidende 1:0. Im Viertelfinale **kickt er die Portugiesen per Freistoß raus. Nebenbei macht er Schweini, Poldi und Konsorten Beine und Mut, und dann wollen wir doch mal sehen, was noch geht. Ballack muss nur tun, was wir alle von ihm erwarten: alles.**

Vielleicht kommt es aber auch ganz anders, Huth tritt vor seiner roten Karte im entscheidenden Gruppenspiel über den Ball, Lahm verliert zwölf Kopfballduelle, die deutsche Nationalelf fliegt in der Vorrunde raus. Ballack, der und Weltklasse?, wird es heißen, Versager!

Spätestens seit dem 1:4 in Italien, Anfang März, weiß man, welch wackliges Gebilde das Projekt Weltmeistertitel ist: dass die Gastgeber fürchten müssen, sich zu blamieren. In dieser Stimmung geht unser Land in das wichtigste Turnier der Weltgeschichte, soweit es die Deutschen betrifft, und es könnte einem angst und bange werden, wenn man sich vorstellt, wie das jetzt sein muss, Ballack zu sein. Bis man mit Ballack spricht.

Ein Scheitern? Darüber denke ich nicht nach. Mit so was beschäftige ich mich im Moment gar nicht. Nun bin ich halt einer derer, auf die es stärker ankommt und die stärker kritisiert werden, wenn es mal nicht so läuft. Aber diese Mechanismen sind mir nach vielen Jahren als Fußballprofi vertraut. Ich nehme damit ja einiges von den anderen auf mich. Und mich belastet das nicht mehr. Ich habe bei den letzten Turnieren immer gut gespielt. Und ich gehe davon aus, dass ich auch eine gute WM spielen werde.

Natürlich ist Ballack sich seiner herausragenden Rolle längst bewusst. Er ist zurückhaltend, aber nicht übermäßig bescheiden. Er weiß genau, was er kann. Aber er hat nie für sich in Anspruch genommen, Herr des Geschehens zu sein. Manche sagen: Er habe diese Rolle gemieden, aus Bequemlichkeit. Nur: Sie verfolgte ihn. Rudi Völler hat sie ihm in der Nationalelf von Anfang an verpasst. Und nun, in diesem Teenie-Team, wirkt Ballack manchmal wie der Chef-Scout vom Fähnlein Fieselschweif. Er hat keine andere Wahl, es gibt kein anderes Team. Und er ist der Kapitän.

Die Jungen wie Lukas Podolski brauchen ein paar Erfahrene, die sie führen. Ballack ist einer der wenigen Routiniers im deutschen Team

WM 2006

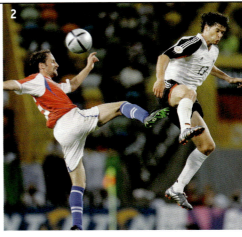

1. Beim Confed-Cup verwandelt Ballack den Elfer zum 2:2 gegen Brasiliens Dida, Kaka schaut zu
2. Erinnerung an das Scheitern, EM 2004: Deutschland schied nach der Niederlage gegen Tschechiens B-Elf mit Roman Tyce in der Vorrunde aus
3. Bei der 2:3-Niederlage gegen Brasilien im Confed-Cup liegt Ballack verletzt am Boden
4. Jürgen Klinsmann und seine Mannen: Torsten Frings, Patrick Owomoyela und Ballack (v. l.)
5. März 2006, Ballack ackert vergebens im Strafraum. Die heftige Kritik nach dem 1:4-Debakel in Italien war ein Vorgeschmack auf das, was passieren könnte, wenn die deutsche Elf bei der WM versagt

Nach der Rolle des Leaders hat sich Ballack nie gesehnt.
Doch nun muss er vorneweg marschieren, vor den anderen Spielern wie Andreas Hinkel und Sebastian Deisler

WM 2006

Ich war ziemlich überrascht, als ich es erfuhr. Es war kurz nachdem Jürgen Klinsmann Bundestrainer geworden war, im August 2004. Die Nationalmannschaft traf sich in Gravenbruch im Hotel. Jürgen Klinsmann rief mich in sein Zimmer und sagte, dass ich sein Kapitän werden soll. Das war ein Einschnitt, denn Olli Kahn ist ja ein gestandener Spieler, aber nun sollte ich an seiner Stelle die Binde tragen. Jürgen Klinsmann sagte, dass er einen Feldspieler als Kapitän haben will, einen, der mitten im Geschehen ist. Und dass er mir zugleich mehr Verantwortung übertragen will. Dann fragte er mich, ob ich das machen will. Ich musste nicht lang überlegen. Mir war klar: Ich mach's. Ich freute mich über das Vertrauen. Das Gespräch dauerte ungefähr eine halbe Stunde, und dann war ich Kapitän der deutschen Nationalmannschaft. Im August lief ich in Österreich zum ersten Mal als Spielführer auf. Ich fühlte mich noch mehr im Fokus. Aber deshalb wird es nicht schwerer. Ich empfinde es zumindest nicht so. Ich glaube, es pusht sogar ein bisschen. Es gibt ja auch mal harte Tage als Spieler. Wo man morgens aufsteht, nicht in die Gänge kommt und denkt: Oh, heute wird's zäh. Da hilft das Kapitänsamt. Heute zumindest. Vielleicht ist das in fünf Jahren anders.

Bundestrainer Klinsmann, 41, und Teammanager Oliver Bierhoff, 37, haben nun bei der Nationalelf das Sagen

Ballack ist kein Leitwolf, wie es die Deutschen gern haben, mit Schaum vor dem Mund, wenn's sein muss, wie ihre Breitners, Matthäus, Sammers. „Es gibt noch viele Trainer, die von einem Effenberg als Leadertypen schwärmen. Natürlich ist Michael ein anderer Typ", sagt Oliver Bierhoff. „Aber ein Effenberg wäre für diese Mannschaft auch nicht gut. Sie ist zu jung, so einer würde sie erdrücken."

Teammanager Bierhoff würde es nie aussprechen, aber es ist klar, dass sie aus diesem Grund Oliver Kahn 2004 entmachtet haben, den zornigen Einzelkämpfer, vor dem die Rekruten das Zähneklappern bekommen würden. Nach der Asienreise 2004 sagten die Neulinge Engelhardt, Owomoyela und Schulz, unabhängig voneinander befragt, welcher Spieler sie am meisten beeindruckt habe: Ballack.

Ich spüre die Verantwortung. Auch neben dem Platz. Es gibt immer Spannungen in der Mannschaft, mal muss man drüber hinwegschauen, mal eingreifen und vermitteln. Aber man muss immer ein Auge drauf haben. Da musste ich erst ein Gefühl entwickeln. Es sind viele Spieler, viele Charaktere. Die Rolle ist ganz anders, als wenn du einfach nur um deinen Stammplatz kämpfst und vor allem schaust, dass du dich durchsetzt. Man muss sich genau einfühlen, denn eine Mannschaft ist nicht immer automatisch ein gefestigtes Gebilde. Viele suchen ihren Platz im Team. Natürlich weiß zum Beispiel ein erfahrener Spieler wie Bernd Schneider, was er kann, wie er sich verhalten muss. Und ich weiß, was ich zu ihm sagen kann, mit ihm habe ich schon viele, viele Spiele zusammen bestritten. Bei manchen, die noch jung, unerfahren und unsicher sind, musst du dann wiederum anders ansetzen. Als Kapitän habe ich die Verantwortung für die ganze Mannschaft.

„Michael ist ein sehr positiver Mensch", sagt Michael Skibbe, von 2000 an vier Jahre lang Rudi Völlers Assistent bei der Nationalelf, „und das ist ungewöhnlich für einen Führungsspieler. Für Sammer, den ich in Dortmund erlebt habe, war selbst nach Siegen das Glas immer halb leer. Bei Ballack ist es immer mindestens halb voll. Er fordert die Dinge positiv ein, spornt an. So erreicht er die Spieler."

Vor dem Match bekommt Ballack manchmal gesagt: „Micha, keine Späßchen mehr." Aber so einer kann die Lockerheit retten, die dieses grünschnäbelige deutsche Team benötigt, um angesichts der frankoitalobrasilianischen Überkicker nicht zu erstarren. „Der Micha kann sofort den Schalter umlegen", sagt Bernd Schneider. „Er ist vor dem Spiel locker, aber sobald er auf den Platz geht, kann es ganz schnell sein, dass er dich auch mal anbrüllt. Und nach dem Spiel macht er wieder Witze."

Ballacks Wille ist stets mit Charme verkleidet, sein Ehrgeiz mit scheinbarer Gleichgültigkeit. Seine Klasse wächst mit dem Vertrauen, das er bei anderen zu spüren meint. Das macht ihn verdächtig für Anhänger der alten starken Männer, jener Typen, die aus sich heraus brannten und ihr Selbstbewusstsein aus ihrem ganz eigenen Feuer speisten. Die auch außerhalb des Platzes das durchsetzen wollten, was sie für richtig und wichtig hielten. Ballacks Meinung hingegen muss gesucht werden, er kämpft nicht darum, dass sie Gehör findet.

Natürlich habe ich meine Auffassung. Ich teile sie auch mit. Aber ich weiß, wo sie etwas bringt und wo weniger. Ich spreche oft mit Jürgen Klinsmann, er ist von seiner Philosophie überzeugt. Er ist der Trainer, und er muss die Entscheidungen treffen. Jürgen Klinsmann will, dass wir offensiven, schnellen Fußball spielen. Das Wichtigste ist, dass wir erfolgreich sind, denn gemessen wird man nur an den Ergebnissen.

Bernd Schneider, 32, spielt schon seit Jahren mit Ballack in der Nationalelf. Sie verstehen sich blind

Ballack ist dieser Tage, nach Florenz, besonders vorsichtig in dem, was er sagt. Er weiß, jeder falsch verstandene Halbsatz kann in dieser nervösen Zeit zu einer Explosion führen.

Sein Trainer Klinsmann redete auch nach der Pleite in Italien noch von Freude und Spaß, aber er strahlte sie kaum noch glaubwürdig aus, mit seiner missionarischen Rhetorik und dem Lächeln, das immer öfter aussah, als müsste er sich dazu zwingen. Vor dem USA-Spiel wurde sogar schon über ein abruptes Ende der Klinsmann-Ära noch vor der WM spekuliert, an seine Zauberkraft mag kaum noch einer glauben.

WM 2006

Podolski und Schweinsteiger, die Helden des Confed-Cups, schwanken stark in ihrer Form, und so ist Ballack, von europäischen Spitzenklubs umworben, der einzig verbliebene Grund für Optimismus. Weil er doch unter höchstem Druck größte Leistungen bringen kann und danach noch in die Kamera lächelt, man sah es zuletzt beim FC Bayern. Es geht also. Es muss auch gehen.

Auf Ballack wartet keine Rolle, die große Aussichten auf Ruhm und Ehre zu versprechen scheint. Wenn Deutschland bei der WM 2006 früh scheitert, wenn die künstlich geschürte Euphorie endgültig enttäuscht wird, dürfte es neben Klinsmann vor allem Ballack sein, über dem die Häme zusammenschlägt.

Der Trainer und sein Kapitän lächeln. Ballack ist Klinsmanns wichtigster Mann. Und, so scheint es manchmal: der einzige Grund für Optimismus

Wer wie er viel kann, ist für viele angreifbar. Meistens reden seine Kritiker dabei vor allem von sich selbst. Der hart trainierende Jens Jeremies vom FC Bayern etwa, Spitzname Jerry, ließ mal die Bemerkung fallen, Ballack könne noch viel besser sein, wenn er nur härter trainieren würde. Der bei der Nationalelf zu seiner Zeit selten präsente Günter Netzer bemängelt am liebsten Ballacks fehlende Präsenz. Dabei kann Ballack an guten Tagen eine Art Jerry Netzer sein, Kosename: Hrubesch. Wer ist der erfolgreichste Torschütze im deutschen Team? Klose? Kuranyi? Ballack. 29 Tore in 62 Spielen, er hat eine bessere Quote als Klinsmann oder Kirsten. Als Englands Owen oder Frankreichs Henry.

Aber wen sollte man sonst verantwortlich machen? Die 20-Jährigen, die nicht halb so viele Europapokalspiele haben wie Ballack Länderspieltore? Er ist der einzige Feldspieler, der den Anspruch auf Weltklasse erheben kann, der einzige, der daran gemessen wird – und der einzige, der einen solch großen Ruf zu verlieren hat. Man traut ihm eben viel zu. So schnell aber die Hoffnung wächst, so schnell wachsen auch die Zweifel, vielleicht ist das typisch deutsch.

Deutschland wollte in den Tagen nach dem Debakel von Florenz nicht mehr an Deutschland glauben und auch nicht an eine große WM. Dabei würde man es doch so gern. Ja, mal andersrum: Was wäre, wenn? Wenn das Wunder doch wahr wird, sie müssen ja nicht Weltmeister werden, sie müssen nur begeistern, uns mitfiebern lassen, unsere Hoffnungen durch die Wochen tragen, dass die Fans ein bisschen träumen dürfen. Dafür brauchen die Deutschen den stärksten Ballack.

Und Ballack braucht eine starke WM. Ein Sieg, der wäre für ihn genauso ein Traum, klar, aber ein Titel muss auch her, er muss ein Team auf einen der höchsten Gipfel geführt haben, damit es eines Tages heißt: der große Ballack. Weltmeister bleibt man für alle Zeiten.

Der Weg ist weit.

Einer muss den Karren ziehen: Beim Fitnesstraining schleift Ballack ein Gewicht hinter sich her. Doch sein Schatten scheint zu tanzen

BILDNACHWEIS

Bert Heinzlmeier und Matthias Ziegler: Titel, Vorsatz 4, 2/3, 7 o. l., 12/13, 15, 16, 17, 18/19, 21, 22/23, 25, 29, 32, 35, 38/39, 41, 44, 47, 48 l., 54, 57, 60, 66 l., 68, 72, 73, 77, 80, 81, 85, 86/87, 88 l., 89 l., 94, 96, 97, 104, 107, 111, 115, 120, 123, 124, 126, 129, 130/131, 136 l., r., 137, 143, 146, 147, 148/149, 153 o. r., 161, 166/167, Nachsatz 1; Christian Charisius/Reuters: Vorsatz 2/3; Sandra Behne/Bongarts/Getty Images: 4; Pressefoto Baader: 6 r., 158 o. l.; Picture Point/Imago: 6 u. l., 63, 67 l., r.; Ben Radford/Getty Images: 7 M. l., u. l.; Markus Ulmer/Action Press: 7 o. r., 24, 135, 158 M. l.; Magics/Action Press: 7 M.; Pixathlon/GPG: 7 r.; Robert Fischer: 9; Firo: 10, 99, 102 r., 106, 108, 109 M. r., u., 140 o. r., 164 u. l.; Brian Bahr/Getty Images: 11; Kai Pfaffenbach/Reuters: 14; privat: 28 M., u. l., 49 r.; privat (Repros Julian Röder): 6 o., M., 27, 28 o., u. r., 48 r., 49; Wilfried Witters: 36, 84; Hans Rauchensteiner: 50; Andreas Seidel: 52/53, 66 o. r.; Valeria Witters: 62, 118; Kruczynski/Imago: 66 u. r.; Uwe Speck/Witters: 67 M., 109 M. l.; Tele Press/Pandis: 70; Bernhard Kunz/Augenklick: 71, 76/77, 79, 82 o., u. l., 88 M., r., 89 u. r., 164 o. l.; Dirk Dobiev/Action Press: 74; Bongarts/Getty Images: 82 u. r.; Werek/Imago: 83; Sven Simon: 89 l., 92/93, 109 o. r., 119 l., 142, 153 l. u.; Dirk Krüll/Laif: 90/91, 116; Oliver Heisch/DDP: 92 l.; Robert Huber/Lookat: 98; Frank Peters/Witters: 102 l.; GES/Augenklick: 102 M., 112 u. l.; Behrendt/Contrast/Ullstein: 103; Nordphoto: 109 o. l.; Kyodo News/Action Press: 112 o.; Ulmer/Imago: 112 u. r., Schutzumschlag hinten; Martin Rose/Bongarts/Getty Images: 116 M.; Team 2: 118 o., 158 o. r.; Alexander Hassenstein/Bongarts/Getty Images: 118 u. r., 157, 160, Nachsatz 3; Popperfoto/Bilderberg: 119; Michaela Rehle/Reuters: 122; Johannes Simon/DDP: 125; Klaus Börner/Vanit: 127; Peter Bischoff: 131 o.; Torsten Silz/DDP: 132, 164 o. r.; Starpress: 136 M.; Martin Hangen: 140 o. l.; Matthias Schrader/DPA: 140 o. M., 141; Vladimir Rys/Bongarts: 140 M. l.; Oryk/Rauchensteiner: 140 M. r., 152 r.; Filippo Monteforte/AFP: 140 u.; Action Pictures/Imago: 144; Andreas Rentz/Bongarts/Getty Images: 151; Magics/Action Press: 152 l.; Uwe Lein/AP: 153 o. l.; Bernd Feil/M.I.S.: 153 o. M., r. u.; Oliver Lang/AFP: 155; Bernd Wende: 156; Henning Kaiser/DDP: 158 M. r.; Patrick Hertzog/AFP: 158 u.; Oliver Lang/DDP: 159; Thomas Lohnes/DDP: 162; Roberto Pfeil/AP: 163; François Guillot/DDP: 164 u. M.; Oliver Berg/EPA: 164 u. r.; Patrik Stollarz/DDP: 165.

Große Bühne, November 2005: Bei der Auslosung zur WM nimmt Ballack in Leipzig vor rund 320 Millionen Fernsehzuschauern den neuen WM-Ball aus der Luft in Empfang

IMPRESSUM

Ein Buch der Partner stern und Südwest-Verlag, einem Unternehmen
der Verlagsgruppe Random House GmbH, 81673 München.
© 2006 stern, Gruner+Jahr AG & Co.

stern
Herausgeber: Thomas Osterkorn und Andreas Petzold
Autoren: Rüdiger Barth und Bernd Volland
Fotografen: Bert Heinzlmeier und Matthias Ziegler
Redaktion: Giuseppe Di Grazia und Thomas Schumann
Art Director: Tom Jacobi
Fotodirektorin: Andrea Gothe
Gestaltung und Produktion: Nicole Prinschinna
Bildredaktion: Cornelia Bartsch
Dokumentation: Andreas Mönnich
Schlussredaktion: Christa Harms, Gabriele Schönig
Schlussgrafik: Jürgen Voigt
Bildtechnik: stern

Südwest-Verlag
Projektleitung: Susanne Kirstein
Herstellung: Elke Cramer

Reproduktion: Lorenz & Zeller, Inning am Ammersee
Druck und Verarbeitung: Mohn Media, Gütersloh

Printed in Germany
ISBN-10: 3-517-08207-4
ISBN-13: 978-3-517-08207-3
9817 2635 4453 6271

Wir danken auch: Diana Bauer. Andreas Brehme. Ulrich Dost. Christian Ewers.
Markus Götting. Roman Grill. Karin Hansen. David Heimburger. Markus Hörwick.
Steffen Kamprad. Martin Koch. Tanja Metzner. Michael Novak. Peter Olsson. Monika
Raschdorf. Harald Stenger. Dorothe Sternal. Kerstin Westermann. Axel Wüstmann.
Dem Team des „Leoni", Starnberger See. Dem „Hotel am Schlossgarten", Stuttgart.

In Hannover, Februar 2006, zieht Ballack, beobachtet von Willy Sagnol, seinen goldenen Dress aus.
Ziemlich sicher wird er nach der Saison endgültig das Bayern-Trikot abstreifen. Welches er als nächstes
tragen wird? Sehr wahrscheinlich das von Chelsea. Oder doch Real? Anfang März ist noch alles offen